SIX SLOVENIAN POETS

SIX SLOVENIAN POETS

Translated by
Ana Jelnikar, Kelly Lenox Allan
& Stephen Watts

Edited by Brane Mozetič
with an introduction by
Aleš Debeljak

ArC
PUBLICATIONS
2006

Published by Arc Publications
Nanholme Mill, Shaw Wood Road
Todmorden, Lancs OL14 6DA, UK

Design by Tony Ward
Printed and bound by Lightning Source

ISBN-13: 978 1904614 17 3

The publishers are grateful to the authors and
translators and, in the case of previously
published works, to their publishers
for allowing their poems
to be included in this anthology.

Cover design by Pavel Büchler.
The cover illustration, 'Igra' ('Game') (1999) is by
Andrej Brumen-Čop, and is reproduced by
kind permission of the artist.

The publishers acknowledge financial assistance
from Arts Council England, Yorkshire

LOTTERY FUNDED

The 'New Voices from Europe and Beyond' anthology series is published in
conjunction with Literature Across Frontiers which receives support
from the Culture 2000 programme of the EU.

LITERATURE
ACROSS
FRONTIERS

Arc Publications 'New Voices from Europe and Beyond'
Series Editor: Alexandra Büchler

The Publishers
would particularly like to thank
the Trubar Foundation and
the Slovenian Ministry of Culture,
from whom they have have received financial assistance,
and the Centre for Slovenian Literature.

Special thanks are also due to Alexandra Büchler,
Director of Literature Across Frontiers,
for her vision in conceiving the
'New Voices from Europe and Beyond'
anthology series.

CONTENTS

Series Editor's Preface / 11
Editor's Preface / 12
Introduction / 13

VIDA MOKRIN-PAUER

MAJA VIDMAR

Uroš Zupan

Peter Semolič

Nataša Velikonja

GREGOR PODLOGAR

The present anthology inaugurates a new and much-needed series of collections that bring contemporary poetry from across Europe to English-language readers. It is not by accident that the tired old phrase about poetry being 'lost in translation' came out of an English-speaking environment, out of a tradition that has always felt remarkably uneasy about the translation of contemporary works, if not the classics. Yet poetry can be, and *is*, found in translation; in fact any good translation *reinvents* the poetry of the original. Any translation is the outcome of a dialogue between two cultures, languages and poetic traditions, between collective as well as individual imaginations, conducted by the two voices of the poet and the translator, who are joined by a third participant in the process of reading.

And it is this dialogue that is so important to writers in countries in which translation has always been an integral part of the literary environment and has played a role in the development of local literary tradition and poetics. Writing without reading poetry from many different traditions would be unthinkable to the poets in the anthologies of this new series, many of whom are themselves accomplished translators and consider poetry in translation part of their own literary background and an important source of inspiration.

While the series as a whole aims to keep a finger on the pulse of the 'here-and-now' of European poetry by presenting the work of a small number of contemporary poets, each collection, edited by a guest editor, will have its own focus and its own rationale for the selection of poets included. *Six Slovenian Poets* makes available to the English-language reader the poetry of the younger generation of poets who started to be published in the last decade or so and who, in different ways, break with and re-evaluate the Slovenian literary tradition. This tradition will be an unknown territory for most readers, but one certainly worth exploring as attested to by Aleš Debeljak's informative introduction. We embark on a journey that not only opens up new and unexpected horizons, but which also leads us to a greater understanding of a culture brought closer to us by the relatively recent socio-political changes in Europe, and in this way reinforces our capacity for empathy and compassion.

Alexandra Büchler

Putting together an anthology can be a rather thankless task, especially when it concerns contemporary authors. I was, therefore, very happy to be invited to contribute to a project whose intention was not to present the reader with an exhaustive range of national poetic creativity, but was rather the outcome of a joint effort between the translators and less widely translated authors. Should the reader wish for a more complete picture of contemporary Slovenian poetry, he or she can after all get hold of at least two anthologies in the English language, both of which were published in America: *Prisoners of Freedom* (1994), edited by Aleš Debeljak, and *Afterwards* (1999), edited by Andrew Zawacki. Our project, however, was to present five to six authors who have not, as yet, had an independent book publication in English. While the United Kingdom is relatively unfamiliar with Slovenian poetry, the United States has seen one or more books by a sizeable number of Slovenian poets: Veno Taufer, Tomaž Šalamun, Iztok Osojnik, Boris A. Novak, Tone Škrjanec, Aleš Debeljak, the author of this preface and possibly a few others. Having said that, two collections by Tomaž Šalamun have been published in the UK (*Homage to Hat and Uncle Guido and Eliot: Selected Poems,* 1997, and *Row*, 2006, both by Arc), and in Ireland readers have had the opportunity to become acquainted with Barbara Korun in the book of selected poems *Songs of Earth and Light* (Southword, 2005). Also the younger poets, Primož Čučnik and Taja Kramberger, featured in the anthology *A Fine Line: New Poetry from Eastern and Central Europe* that was published in England (Arc, 2004).

For the present publication, all the translations were to be fresh and the work of one translator. Since I have a good relationship with the Slovenian translator Ana Jelnikar, having worked with her on a number of journal features in the United States and Canada, there was no question as to who was most suitable for the project. Ana then asked the English poet and translator Stephen Watts and the American poet and translator Kelly Lenox Allan to co-translate with her. Together they gave these poems their final shape, consulting the poets themselves too, so as to achieve translations that are both faithful and original. With regard to all this it seemed most appropriate to include somewhat younger authors, who are possibly at the peak of their creativity right now. The final outcome are these six poets born after 1960, whose voices are representative of the diversity of Slovenia's contemporary poetry.

Brane Mozetič

SLOVENIAN WRITERS AND THE HISTORY OF EMANCIPATION

In July 1991, Slovenia was one of the six constituent republics of what was Yugoslavia. Except for political experts, academics and adventuresome German, Italian, and British tourists, few people in the West really knew then what Slovenia is or what its culture is like. In the fog of Cold War, it was but a marginal part of East European *terra incognita*. Slovenian culture by and large flew below the radar of Western public perception. Today, the country is a member of European Union.

A brief outline of the vagaries of Slovenian collective existence is thus in order, to clear the ground for the kind of appreciation of poets and poems that will engage with the texts on their own terms, rather than in the context of the tradition they come from.

After all, each poem's intimate desire for a handshake with a reader is nothing if not an expectation of response. These poems hope that an elegantly crafted phrase, a disturbing vision, or a flash of meaning will speak to the unknown reader, Slovenian and non-Slovenian alike. From the communication between two individual imaginations, the poet's and the reader's, stems the fragile tissue of common experience that may last only as long as the act of reading or it may linger in memory, watering the source of empathy. And it is precisely the empathic drive, the ability to step into someone else's shoes, the capacity for co(m)passion, that justifies the pursuit of that perfect moment in which a poem will not be condescendingly noticed for political-historical reasons, but for its own ideas and aesthetic qualities.

Still, the country's history does provide some clues for an understanding of the poems. Let's return to July 1991 when Slovenia made the headlines all over the Western world. Its mercifully brief 'ten-day war', together with larger convulsions of the Yugoslav break-up, brought about a major change on the European map. Riding on the heels of the disintegration of the Soviet Union, the end of the communist *ancien régime*, and German unification, it was Slovenia's public plebiscite, rooted in a natural law of self-determination, that formed the legal foundation for its acquisition of independence from the moribund Yugoslav federation. For the first time in the history of this tenacious Southern Slavic people, Slovenians were free to live in a state of their own. This paramount event had been hoped for and, against all odds, anticipated by many Slovenian writers.

Like in other Central and East European countries, writers in Slovenia were traditionally invested with the obligation and the attendant risk to act as the keepers of the national flame, the guardians of the moral, social and spiritual values. Specifically, it was the language itself that represented the most cherished national treasure. Why?

Because Slovenians lacked full-fledged political, economic, or social institutions that would have helped maintain a sense of national belonging. The latter was comparatively more upheld in those countries that have historically attained some form of statehood or another. Slovenians have been less fortunate. They have lived under regimes of royalist, fascist, and communist varieties, though failing to reach the goal to which all European nationalisms aspired, the nation-state.

But Slovenian people, their language, and books had been around long before the independent Republic of Slovenia was established. Squeezed in between the Germanic, Italian, and Hungarian cultures and often predatory political regimes, Slovenians were forced to adopt a defensive attitude. In a nutshell, their life historically revolved around the challenge of survival. A distinct language was more or less the only buffer against a threat of collective obliteration. Small wonder that today close to three thousand books are published annually in this tiny population of two million, where "elite" poetry books routinely come out in five hundred copies (the equivalent of 15,000 copies for Great Britain), while the print runs of "popular" books of verse reach three thousand copies.

The transition into corporate capitalism of course brought about profound political, economic, and social changes. Yet literary writing in post-communism remains relevant. Forests that cover more than fifty percent of the land continue to provide material for printing paper and contradictions of a collective life continue to provide material for literary visions.

These visions are framed by processes of long duration.[1] The dominant one must be seen in the history that lacks splendid military victories but is replete with linguistic resistance to foreign rule. For all practical purposes, Slovenian history is a history of the Slovenian language. It is a language which in addition to singular and plural also uses a rare dual form. In other words, it's made for intimate, personal, and erotic confessions.

Although written records in Slovenian (sermons, confessions, poems) sporadically appeared from the eighth century on, these were but fragments. It was fifty years of the Protestant Reformation that gave Slovenians a systematic orthography, alphabet, and standardized language. The first book in Slovenian appeared in 1550. Slovenian

---

[1] See Aleš Debeljak, "Slovenia: A Brief Literary History", in: Andrew Zawacki (ed.): *Afterwards: Slovenian Writing 1945-1995* (Buffalo: White Pine Press, 1999), from which parts of this introduction are drawn.

literature was given birth by PRIMOŽ TRUBAR, a Protestant preacher, who published twenty-two vernacular books in Germany where he fled from religious persecution in his native land. Thanks to his efforts, Slovenians could read the Old and New Testament in their mother tongue half a century before the publication of King James Bible.

However, after the aggressive counter-Reformation, it was Roman Catholicism that became the dominant religion. Its entrenchment in Slovenian culture was facilitated by the royal House of Habsburgs, the Catholic rulers of the Austrian, later Austro-Hungarian, Empire to which Slovenia traditionally belonged. The Napoleonic regime came between 1809 and 1813. The French instituted the Slovenian language in elementary schools, promoting it as the idiom of the middle class to an extent that would have been inconceivable to the German-speaking Habsburgs. Though brief, this historical moment was fruitful. French Enlightenment inspired the first accomplished Slovenian poet, VALENTIN VODNIK (1758-1819). Although a Roman Catholic priest, Vodnik did not write exclusively for religious purposes, but was devoted to the mundane life and natural world, too.

However, the relentless pressure of Germanic culture and continuous political subjugation made it difficult to envision Slovenian survival. The oft-mouthed prediction at the time had it that the Slovenians would pass into oblivion as a distinct ethnic community. It was not to be. Early in the nineteenth century, Slovenian literary journals began to be published in Ljubljana, the focal point of modern Slovenian life. The national self-consciousness reached its predictable peak in Romanticism, not lagging behind the other Central and East European peoples in "the spring of nations".

FRANCE PREŠEREN (1800-1849), the most celebrated Slovenian poet, best encapsulated the community's longing for freedom and independence. Admittedly, his work in English translation at times sounds like a Byronian derivative, but for the Slovenians, Prešeren is central. A liberal-minded lawyer, he wrote in German, the Central European *lingua franca*, as fluently as in Slovenian. Slovenian, though, was more than his mother tongue. It was his language of choice, signalling a political investment. Prešeren is thus more than a literary icon. He's the founding father of modern Slovenian self-understanding. He addressed all Slovenians and prompted them to recognize themselves as members of a single distinct community, beyond the attachments to various local regions of their largely rural existence.

Prešeren's *A Toast to Freedom* is today the national anthem. Back in 1848, the censors in imperial Vienna correctly identified the emancipatory spirit of this poem in which Prešeren called for the free union of all Slovenians and its necessary defence, including the use of violence. Paradoxically, he published only one poetry book that sold pathetically, a mere thirty odd copies in his lifetime. Yet he managed to accomplish both a symbolic unification of the ethnic collective and a radical invention of high aesthetic standards. In poems in which national and individual destiny blend into a universal message of freedom, Prešeren turned his mother tongue from a means of expression into the political foundation of national identity.

Ivan Cankar (1876-1918), the most important Slovenian fiction writer, was a legitimate heir to Prešeren. Having spent a decade in Vienna, Cankar obsessively addressed the role of the artist as outsider, often drawing on the tensions between the provincial home and the cosmopolitan *polis*. His departure point was a realization that the national identity was articulated in Romanticism, while a critical vivisection of its suffocating features was now in order. Cankar rose to the challenge. His short stories, novels, plays, and essays undermined many Slovenian myths while creating new ones. For example, Cankar's fictional mother who sacrifices herself to support her son, enveloping him in a stifling dialectics of guilt and affection, has become a pillar of the local mass psychology.

Just as Cankar predicted, the First World War and the disintegration of the Austro-Hungarian Empire in 1918 compelled Slovenians once again to make a decisive choice: either 'go it alone', an act for which they were ill-equipped, or seek refuge in a new state, that is, together with other Southern Slavs, except the Bulgarians. The die was cast. The Kingdom of Serbs, Croats, and Slovenians became their common home. It was later renamed Yugoslavia. At a first glance, the new union offered an ideal solution to the small nation. After all, it was only in this political union that Slovenian became the language of instruction at the newly established Ljubljana University. Despite very relevant institutional advancements, Slovenian aspirations for autonomy soon collapsed. Serbian, the language of the Belgrade-based court and the most populous nation, was imposed as the language of public and official communication across the union. Slovenian was reduced to a second-rate language. The introduction of vicious royal dictatorship in 1929 only deepened the frustrations.

But Slovenian persistence did not let up. Vibrant cultural life reflected the aesthetic trends of Paris and Vienna, Munich and Prague. Literary debates on expressionism, constructivism and surrealism were, however, imbued with political hues. This uneasy bond between politics and literature became a question of life and death after the Nazi invasion of Yugoslavia in April 1941.

Having lost credibility, the royal family and its government fled into exile. Most, though not all, writers joined the anti-Nazi guerrilla units, the partisans. They printed their books, newspapers, and magazines in makeshift print shops, set in liberated rural and forested areas. They organized literary readings, published periodicals and, by design, engaged in nationalist and communist propaganda.

After the war, several writers rose in the political hierarchy. A renowned poet, high-ranking partisan and Christian Socialist, EDVARD KOCBEK[2] (1904-1981), was Vice-President of the Slovenian government and a minister in the federal Yugoslav government until he fell out of favour. Educated in Slovenia and France, Kocbek was the first to expose the most fiercely guarded communist secret: the war of liberation was, to a considerable degree, a civil war as well. Simultaneous with the anti-Nazi struggle, a tragic fratricidal war of "reds", communist-led partisans against "whites", Axis-collaborators took place primarily in and around Ljubljana.

After the war, uniformed collaborationists and their civilian sympathisers retreated to the Allied-controlled southern Austria. The Allies under the British command returned them to Yugoslavia. There, up to twelve thousand people were soon thereafter indiscriminately killed by special units of Josip Broz-Tito's communist regime. Against the official imperative of silence, Kocbek's was a dissenting voice. He publicly denounced the criminal act of wild vengeance. The poet ultimately won over the statesman and Kocbek thus remained indebted to the legacy of Prešeren. Only after he lost direct access to the mechanisms of power was Kocbek able to tell the full truth.

In a way, the civil war was a reflection of traditional antagonism between secular liberalism and Roman Catholic conservatism, the two major mental paradigms in Slovenian history. As a difficult yet crucial topic, it occupied many writers even though it necessitated the use of Aesopian metaphors, designed to fool the regime's censors. The late fifties and the early sixties were periods of creative eruption. New literary journals were established. They gradually became strongholds of independent intellect, facilitating a growing political dissent that in 1964 exploded in a massive popular protest. The communist elite put the demonstrations down, banned the magazines, and arrested several people, including TOMAZ ŠALAMUN[3] (1941-). Šalamun is

---

[2] See Edvard Kocbek: *Embers in the House of Night* (Lumen Press, 1999); *Nothing is Lost: Selected Poems* (Princeton University Press, 2004).
[3] See Tomaž Šalamun: *Selected Poems*, (Ecco Press, 1988) reprinted in the UK as *Homage to Hat & Uncle Guido & Eliot: Selected Poems* (Arc Publications, 1997); *Four Questions of Melancholy: New and Selected Poems* (White Pine Press, 1997); *Feast* (Harcourt, 2000); *A Ballad for Metka Krasovec* (Twisted Spoon Press, 2001); *Poker* (Ugly Duckling Press, 2003); *Blackboards* (Saturnalia, 2004).

today the most internationally admired Slovenian poet. At the time, however, he was a fledgling *enfant terrible* with parodies of canonized patriotic poems to his credit. Šalamun's talent for poetic absurdity, irony and playfulness made it possible for him to declare, following his spiritual godfather Arthur Rimbaud, that all dogmatic tradition is the "game of countless idiotic generations." His contested emancipation of verse from under the shackles of singular nationalist obsession had far-reaching consequences for the nascent autonomy of writing.

As a result of a political clampdown, in the 1970s writers retreated from the public arena to rediscover "language as the house of being". They explored the limits of lyrical and narrative technique, the vertigo of linguistic transgressions, and the exodus of the coherent plot. In these works irony and poetic wisecracking were employed as protection against, not as a challenge to, external reality.

After a decade of passivity, the patience of critical intellectuals wore thin. The early 1980s saw the launching of another new magazine. Its very name suggests the manner in which it opened a public debate: *Nova revija* (The New Review). The poems, novels, testimonies, and short stories that writers managed to publish despite tacit censorship, gradually peeled away layers of institutional lies. The leading poetic voice was that of DANE ZAJC[4] (1921-2005), a doyen of dark premonitions that maintain a magical appeal while addressing the painful loneliness of modern man. The horrors of Titoism, a political system much admired among the Western left, were laid bare by critical historiography and the truth about *Goli otok* (The Naked Island), the Yugoslav Gulag that swallowed many opponents of the regime was finally made public. The communists' grip on power began to loosen.

In the larger Yugoslav state, Serbian political appetites came to be seen as a threat to the other nations in the federation. The communist-dominated Serbian government usurped the federal administration, appropriated more than half of the federal hard currency reserves, attempted to alter the educational curriculum in favour of Serbian authors, and imposed brutal apartheid on ethnic Albanians in Kosovo. Slovenia called for a political cohabitation that would satisfy the constituent nations but retain the Yugoslav frame. A confederation, an asymmetrical federation, a commonwealth, etc. were all on the table. The increasingly arrogant Belgrade authorities, alas, glibly

---

4 Dane Zajc: *Barren Harvest: Selected Poems* (White Pine Press, 2004).

dismissed them. Slovenia had to choose: either to remain under the heel of corrupt communism or to establish an independent state.

Following passionate public debates, writers led a democratic opposition in drafting the declaration of Slovenian independence. Stimulated by such actions, even the Slovenian communists began resisting the centralized government in Belgrade. After a public referendum revealed the wish of the Slovenian people to live in a free Slovenia, the independent nation-state was declared in July 1991. A ten-day war ensued. While it ended soon, the conflict was by no means limited: it spiralled into brutal excesses and engulfed the entire region. It continues to tragically simmer despite the Dayton peace accord in 1995 that nominally ended the wars for Yugoslav succession.

Pressing public concerns no longer required the use of a cryptic idiom for the emerging writers. The emancipation from "politics as destiny" appealed, in particular, to the writers who came of age in the 1980s. As political affairs ceased to be the focal topic, exploration of the formal, metaphysical, and imaginative possibilities became the name of the game. Refusing to view literature as the privileged platform from which political opinions should be voiced, this generation had rushed to embrace the various styles of postmodernism.

The monthly magazine *Literatura* was a flagship of this generation. Its name speaks of the writers' primary concern: literature itself. Nevertheless, the long-called-for separation of politics and literature did not give birth to a myopic *l'art pour l'art*. Inasmuch as moral habits are embedded in the intricacies of historic allegory and allusion, the urge to stress them expressly is beside the point. History and its discontents are always present, since the writer's sensibility and responsibility make their way into the text by virtue of a shared stock of metaphors and cultural tradition. The postmodern writers thus espoused a kind of Joycean *non serviam* to the cause of Slovenian independence. I hasten to add, though, that some writers did articulate their continuous civic and moral responsibility, but in newspaper columns and other general public forums, that is, outside the domain of literature proper.

After 1991, social and historical conditions of post-communist capitalism care less for imaginative writing and more for business, advancing the commerce of goods rather than the commerce of ideas. Literature is no longer the main site of truth and justice and, by extension, of national identity. The traditional role of the writer as shaman and spokesman for the people, recounting historical taboos, suppressed memory, individual solitude and social resistance, is in all likelihood over.

Grand ideas of the nation, community and history, attractive as they were because of their all-encompassing values, are being re-placed by human-size concerns that include the exploration of the destructive side of nationalism and its effects on the mundane life of everyday people. The hereditary syndrome of Prešeren, whose work could mobilize the entire community, has lost its all-encompassing reach. Writers now face a challenge of a radically different kind: how to honour the specific cultural tradition that nurtured them and at the same time speak movingly about universal preoccupations with love and fear, longing and frustration? Instead of the ubiquitous politics, it is cross-pollinations between intimate poetic concerns and globalized popular culture that should be seen as the source of inspiration for the recent literary generation.

The post-postmodernist generation that came of age in the 1990s takes an independent nation-state as a given. This, in turn, frees the writers from received obligations of national impulse. They thus represent the first generation that enjoys the benefits of unrestricted education, communication, and travel, mapping the hitherto neglected terrain of colloquial speech, hybrid identities, and cultural sensibilities of an urban capitalist milieu. In this respect, they may have more in common with their peers from the rest of Europe and North America than with their predecessors in Slovenian cultural tradition. Either way, the poets represented in this anthology grapple with a problem that is commonly understood across the linguistic borders. How to write in an original manner that would be both individual and universal? These poets' desire for a handshake is here, hidden in the textual meanders. All their poems need now is a curious English-language reader to bring the handshake out in the open.

Aleš Debeljak

VIDA MOKRIN-PAUER

Translated by Ana Jelnikar & Stephen Watts

PHOTO: LADO PAVLIHA

VIDA MOKRIN-PAUER was born in Šempeter close to the town of Nova Gorica, where she has lived since she was four. A poet, writer, literary critic and journalist, she holds a double degree in comparative literature and librarianship from the University of Ljubljana. She worked as a librarian for five years, before devoting herself full-time to writing. She was the literary editor of the journal *Primorska srečanja* (Primorska Encounters) for nine years, and has written seven poetry collections, the last of which was published as *Selected Poems* in Bulgaria in 2005. She has also written poetry for children, convinced that such poems are as much for adults as they are for children. Her poetry has been translated into French, English, Serbian, Italian, Macedonian, Czech, as well as Bulgarian, and has appeared in a number of anthologies internationally.

Z NEZNANIM BOSANCEM NA BUSU
DO NOVE GORICE IZ LJUBLJANE

Njegovo poželenje
je malodane scvrlo
moje desno stegno,
ki je ob njegovem levem
molče nepremično sedelo.
Še tri dni kasneje
me je peklo,
čeprav sem se
že po tričetrt ure
trpljenja presedla.
In sem mu
po prihodu
v Novo Gorico
komaj utekla.

Oooo, me je zamikalo,
da bi ga dooooooolgo,
šeee mnooooooogo dlje
prenašala tudi premično,
ki se je angelsko vražje
tako segrel zame, da je
presegel rekorde narave.

Toda, ker sem –
je pač taka Slovenke
usoda nemila –
preveč mehka, občutljiva,
naivno vzdražljiva in mila –
ZATO nisem buzdovanu
paranormalno razbeljenemu
vstopa sprostila.

Lahko bi se še v ocvirek stopila!

**WITH AN UNKNOWN BOSNIAN ON THE BUS
FROM LJUBLJANA TO NOVA GORICA**

He was so
hot I almost fried
my right thigh
inviolably sitting
next to him.
Three days later
I was still burning
even though I'd had to
be moved to another seat
after 45 minutes of
such torture.
And could barely
escape him
after we'd got to
Nova Gorica.

But O was I tempted
to put him up with me
lingam longerly
longam lingeringly
Oooo so much so
he who became so angelically
hot for me that he
overtook every known record
on god's earth oooooo

But because I am –
cruel fate of all us Slovenly girls –
too soft, too sensitive,
just too naively excitable & mild –
THAT'S WHY I didn't
loosen the tight way-in
to this paranormally white-
hot busnian prick.

I would have oooozed away like melting lard.

Srčno pa upam,
da mu je še
tisto noč dala
kaka koščena,
debelokoža,
žilasta,
uravnovešeno
mrzla baba.
In ga gotove
skrivnostne
smrti
s samovžigom
obvarovala.

Saj bi ga bilo hudo škoda!
Kot redko koga.

GINEKOLOŠKO DOLGE, VITKE, FINO ZAOBLJENE PRSTE

z le pristriženimi, navidez pa skrbno negovanimi
nohti desne šape, z dlakami porasle le do tretjine
narobne strani dlani in samo po prvih členkih petih
"vtikačev" – zlorabljaš, da knjigo Iztrebljevalec 2 ob-
držiš odprto na postelji. Že 10 minut ji slediš, čeprav

si Bog ob me-ni? Prvič po 19-ih letih sopretikajočega,
sozalivajočega se krepko razgibanega sobivanja si iz-
javil, da želiš brati v postelji. In to takoj po ljubljenju,
post koitum krstu, ko sem si stuširala alergen sperme s
trebuha (ponavadi ga s hrbta), ti pa si si pod pipo spral
ustnice, da te ne bi pekle, spolovilo, da te ne bi zasrbelo.

Še 5 minut sem, izjemoma brezdelna, ob tebi obležala tebi,
z blaženo hvaležnim užitkom sem te opazovala, skoz rjuhe
vdihavala 3-5000-ega? seksa parfume iz vzmetnice sfukane.
Za ... ne vem, kaj, se mi je ta poezija izkristalizirala v bumerang
iz srca, pičke, možganov, duhovnosti. K računalniku sem morala,
da bi ga ujela, objela, čeprav si mi očital, da se bom prehladila.

I hope with all my heart
some skinny, spindly
thick-skinned
scrawny, swiney,
mentally-coiled
cold bitch
gave it to him that night
Thus safe-guarding him
through self-ignition
from the inevitable –
dear shameless
death.

It'd sure be a pity to waste him.
And you can't say that for most men.

GYNAECOLOGICALLY LONG SLENDER FINE-ROUNDED FINGERS

with just-clipped and yet what look like carefully tended nails
of the right paw, hair covering but one third of the wrong side
of your palm and down only to the first knuckle of your five plugs
– you are abusing them to keep "Terminator 2" open on the bed.
You've been reading it intently for the last 10 minutes, you think

you're God lying next to me? For the first time in our 19 years of
watering & exploring each other, of vigorous-dynamic living together,
you've announced you want to read in bed. And that straight after our
love-making, the post-coital baptism, straight after I've washed the irritant
sperm off my belly (more often it's off my back) and you've rinsed your lips
under the tap so they won't burn and your penis so it won't start to itch.

For the next 5 minutes, not quite knowing what to do, I stayed lying there
next to you, gleefully observing you with such gratitude and pleasure,
taking in through the sheets the aromas of the 4 to 5 thousand fucks of this fuck-
battered mattress. O-Ego… I don't know why, this poem has formed itself into
a boomerang, from my heart, cunt, brain, spirit. I had to go to the computer
to catch it, to hug it to me returned, though you told me I'd catch a cold.

ČUDEŽI NAS MILO PRERODIJO

le, če jih prikličemo vroče
prepričano, naj še božajo!
Da se nam železni zakoni –
bridki, maščevalni noži –
kot ledene sveče stopijo
na svetlobni, topli, slani,
rahlo potni angelski dlani.

ANDERSENOVA DEKLICA Z VŽIGALICAMI, NIKAR!

Avtorica pesmi: Feministka v žavbah enga norca

ne obsedi na
mrzlih golih tleh
(pa še kar brez najlon bunde
oborožena za brezsrčno zasneženi božič;
ja kakšnega očeta branilca pa si si izbrala?!?,
eh, saj ni za odgovorit …. Sramota si sirota!),

no, ne čičaj na
ledeni podlagi,
sicer boš dobila
volka – to je,
da te bo peklo,
če boš lulala,
lahko pa tudi
ves čas, ko bodeš
v kratkem umirala!

Ah, tale tvoj
sadistični oče,
ki ne piše pravljic,
ampak grozljivke
oz. PPP = Psihološko
Pedofilsko Pornografijo,

MIRACLES MILDLY RESTORE US

Only if we call them up hot-
sure, can they go on caressing!
So that our iron laws –
bitter, avenging knives –
melt like icicles
on the warm, salty, sunned,
slightly sweating angel palm.

**ANDERSEN'S LITTLE GIRL WITH MATCHES,
PLEASE DON'T – GOD FORBID! –**

The author of this poem: A Feminist oozing the tricks of her trade

don't end up sitting on
the cold bare-naked floor
(and on top of that not even decked out with a nylon winter ski-jacket
against this heartless snowed-out Xmas.
What kind of a fat-daddy, may I ask, did you choose for yourself ?!?,
bah, don't bother saying ... poor little innocent!)

No, don't squat on
the ice-cold ground,
or you'll catch
your wolf of a –
& it will burn you
when you pee,
it'll burn you all
the time, and you will
very shortly die!

Ah, this sadistic
father of yours,
who doesn't write fairy-
but rather horror-tales,
or PPP's = Psychologic
Paedophile Pornographies,

je naravnost za v zapor,
od koder ga lahko reši
le Bedak Jurček.

Oh, on je pa moja
življeniska ljubezen,
moj drugi (s)pol,
s katerim bi se,
saprabolt,
na tem pa še na
onem svetu
(kamor siliš ne-
umna deklica ti)
ljubila
non-stop.

NISEM ODLOČNA OD ŽELJA. V TOPLI JUHI OMAMLJENO
MRTVAKA PLAVAM

in gnusno je, ko tole spišem. Ta žele. Če ljubezen kapilare spenja,
jaz pa otrdevam kot kos lesa. Stoletnega, beneškega – piloti sem
metlasti pod katedralami kvišku razširjene misli. Trudna kura na
živem jajcu. Neodločna okolica krutosti. Blaznica v meni pa vene

vija vaja ven: Zunaj je divjaško slabo vreme, noč, ki bi jo bilo
treba skupaj s skupnostjo prespati, porivati hlode sanj na hribe
in jih spuščati kot ujete ptice po drčah v votline. Prežvekovati
neraziskano materijo ali pisati spomine. Poljubiti najljubša dva
kot boga, se zahvaliti: o, Bog. Ali pisati pismo: bo res? Kmalu?

he should be thrown in prison
from where only Jurek the Fool
could ever pull him out.

Oh, he is the love
of my life,
my other whole,
with whom I would,
dear mummy-daddy,
in this and also
in the other world –
(which you, you sulky
girl, are edging to) –
just make love
to non-stop.

I'M UNDECIDED FROM WISHING. I'M CORPSING IT IN A WARM SOUP AND
it's disgusting, now that I've written this out. This jelly of stuff. When love
clips capillaries together, and I'm hardening like a piece of wood. A one-
hundred-year-old Venetian piece : piloting it here, broom-like, beneath the
cathedral up outstretched thoughts. A worn-out hen on a hatching egg.
Undecided surroundings of cruelty. But the lunacy in me is ebbing away.

inky, pinky, out: and out there the weather's raging bad, it's a night that
needs to be slept through in the arms of a commune, while shouldering logs
of dreams uphill and then releasing them like trapped birds down the
timber-slides back into the caves. Chew on unresolved matter or write your
memoirs. Kiss the two dearest ones as if they were gods, and give thanks:
oh God. No, write a letter: will it come true? Soon?

Milka Trdina-Pirečnik

BREZSRČNA VEGETACIJA
ŽENSKE Z VPRAŠANJEM

Moje šibko srčece
ostalo na Daljnem vzhodu je,
kjer z Budo
zagledala sva se.

Tu vegetiram
ob možu,
ki se mi ne
odpre, saj
ima v truplu
namesto semena
pire.

A ne,
da je moja pravica
izraziti se, ziniti,
kar mu (ne!) gre?

Komentar o sebi in pesmi v pesmi:

Rada imam spermo, ne maram pireja, ki ga moj mož obožuje.
Sem nimfomanka, dec je impotenten. Če bi prebral to pesem,
bi ga zadel infarkt, nato pa še mene zaradi zdravstvenih težav
in občutka krivde. A ni nobene nevarnosti zanj. Skladiščnik je.

Bere le napise na kartonskih škatlah, in ko luna crkuje, gobice.
Če bom spet zadela loto ali dobila dediščino, se bom vrnila v
Indijo! Kjer bom omrežila kakega budista, da me nepozabno o-
plodi. Šlogarca trdi, da imam možnosti, zato trpim v zaupanjih.

Grace Hardie-Mash*

**HEARTLESS VEGETATING OF
A WOMAN WITH A PROBLEM**

My weakling heart
stayed out in the East,
where me & my Buddha
had an encounter.

Here I am
vegetating beside my
husband who won't open up
because his stinky corpse
is filled with mash
instead of
spunk.

Well, isn't
it my right
to spill out, even
if he can't ?

A commentary on the self and on a poem within a poem:

I like sperm, I don't like mash, which my husband adores.
I am a nymphomaniac, my bloke's impotent. If he read this poem,
he'd have a heart attack, and then I'd have one too, not to mention
a bad conscience. There's no danger of that. He's a warehouse-man.

He reads words off cartons & mushrooms when the moon snuffs it.
If I win the lottery again or come into daddy-money, I'll go back to
India and I'll entice some Buddhist to impregnate me unforgettably.
Fortune teller tells me I do have a chance, so I go on suffering in trust.

* Translators' note: In much of her recent poetry, Vida Mokrin-Pauer has created
authorial names and surnames – heteronyms in effect – for many poems. Their
titles then become integral parts of the poems, freeing the author's imagination to
enhance the subjectivity of both her own words and stories and those of others.
We have tried to translate such heteronyms in the same spirit of care and humour
with which they were written.

Jacinta Struna

BIL JE KOSEC

Pritekel je na polje,
zalučal meč
v cvetje
in ves poten
zbežal po
nagih brazdah.

Iz osončenih razpok
se je izvila kača
in hušknila pod britvice,
zaluščene iz svilenih oblakov.

Meglica diši,
trepeta
nad strniščem.
Meč postaja rosen.

PEŠČENA SLIKA

Našel bi me
na dnu
izsušenega morja,
kjer sol kot lubje
pokriva modro jadro
zagozdenega neba.
Zatajene so tam žeje,
zato dotakni se
slanih negibnih prsi
v zakopani ladji,
kot bi prebujal ptice,
skrhane in ožgane.

Toda kje
naj jaz najdem tebe,
moj deček,
ki tavaš nekje po sipinah
in igre iščeš.

Jacinta String

ONCE THERE WAS A REAPER

He came running to the field,
flung his sword
amid the flowers
and, covered in perspiration,
fled along
the naked furrows.

Out of the sun-baked cracks
a snake curled out uncoiling
and swerved beneath the blades
scaled by silken clouds.

The mist smells nice,
shivering
above the stubbled field.
The sword's near covered in dew.

SAND PICTURE

He will find me
at the bottom
of the dried-up sea,
where, like bark,
salt covers the blue sail
of the congested sky.
Thirsts are denied there,
so, go on, touch
the salty immutable breasts
deep within the buried ship,
as though you were rousing birds
that had been clipped & scorched.

But where
am I to find you,
my boy, you who are
wandering somewhere on the dunes,
seemingly to play?

MOJ DEČEK

s seboj nosi
skodelo travnika
in žlico žalosti.
Ko se krhelj lune
udre skozi sprhko skrivnost
in zardele trave
zaklonijo svoje ustnice,
moj deček zaprši jih
s svojo pisano smrtjo.
Kot metulj otresa nanje
svoje trepetanje.

In ti diamantni krokarji –
vsi krhki zorijo
na žametnem pregrinjalu
zlih mesečin
in mojega dečka vabijo
s pogrizenimi kremplji
tja v dežele neskončnih letenj,
do koder utone
blesk začaranih deklic.

*Komentar o meni in pesmih: Imam 17 let. Prva pesem je lanska,
o mojem prvem – kurbirju, kitaristu, pretepaču, a moralno
odgovornem 25-letnem človeku. Nisva bila zaljubljena, vendar
mi sploh ni žal. Druge pesmi »letijo« na mojega vrstnika, v
katerega sem že dve leti skrito zaljubljena.*

MY BOY

He carries with him
a cup of meadow
and a spoon of sadness.
When a slice of the moon
sinks through his secret silts,
and blushing grasses
lock shut their mouths,
my boy covers them in the dust
of his colourful death.
And like a butterfly he shakes
his shuddering across them.

And these diamond ravens –
brittle & delicate – ripen
on the velvet wraps
of evil moons,
and beckon my boy,
with their bitten claws,
to the land of infinite flight,
to where the shimmer of
bewitched girls drowns.

A commentary on myself and my poems: I'm 17. The first poem was written last year & it's about my first boyfriend – a womaniser, guitarist & brawler but also a morally responsible 25 year old. We weren't in love, but I am not at all sorry. The other poems are "aimed" at someone my age, who I've been secretly in love with for two years now.

Ljubka Duša-Prašnikar

TELO-VLOGA MENE, ŽENSKE PESNICE ZA VESOLJE

Ne vem, ali moje naporne osebnosti žensko Telo še zmore sebi
in tudi vama, mi najdražja, hči in ljubi, naprej in naprej še ustreči,
kot k vama je vedno se potrudilo vziti do soenostavnih meja čudovitih.
Je za vaju mu radostno soustvarjati se uspevalo kot radoživo in neujeto

divje in lačno – nikoli obratno? – a se mu, mojemu Telesu, zdaj sestopa v
raj? Saj duše telo mi gor v vicah trepeta še za drage: mamo, očeta, babico
(pač pre-strašena mi je par let pred smrtjo ponujala denar, da ne bi več,
razen za otroke, pesnila in ji že tako zaskrbljenega sina živcirala), za tasta
uravnovešenega. Tudi njemu raje ne pokažem objav krikov pisanj o trpki
poraženosti pesnice v družbi. Že pokojna tašča pa me je itak sovražila,
ker da ukradla sem ji sina – jaz, čudna in sfantazirana pesnica, ki je po
diplomi zaradi pesnikovanja pa še službo pustila.

Veselje je zakon! In Sobota: ker je mož naredil večerjo in hči počistila
stanovanje, jaz …
lahko jočem, medtem ko prijateljevo pesem o izginulem prijatelju berem in
to pesem pišem.

Marinka Norčič-Pomagaj

ARHITEKT(URI) V LJUBEZNI

Tvoji balkoni
so nam srca dlan,
ki vztrajno trdno ven iz zida štrli,
da se ne bi na tla
zrušili z neba.

Polly Sugarpie

ME, MY BODY-FUNCTION: A WOMAN POET FOR THE COSMOS

I don't know whether the Body of this tiresome female personality of mine still can go on and on doing right by me and by you, my sweeetest two, my daughter and my dearest one, it has always made the effort to rise to the so-simple marvellous border of limits. For you it has always managed joyously to co-create, rapturous and uncaught

wild and hungry – never the other way round? – but now, this body of mine, feels like descending to heaven? For my soul's body up there in purgatory is all atremble for my dear ones: mother, father, grandma (who, well-scared out of her wits, a few years before she died, offered me money so I would stop writing poetry, though verse for children'd be ok, and driving my already-stressed-out dad up the wall), for my sane father-in-law. To him too I prefer not to show my pub-lished shrieks about the bitter defeat of a woman poet in this society. My late mother-in-law was dead against me anyway, for having stolen her son – me, the weird poet with fantastical ideas in her head, who after graduating left her job, because she was nothing but a poet.

But Joy rules, this Saturday! Because my husband has made dinner and our daughter has cleaned the flat, and I can … cry while reading a friend's poem about his loss, while writing this.

Marinka Dotti-Cuore

ARCHITEXT LOVE

Your balconies
are our hearts holding hands
adamantly jutting out from the solid wall
just so we won't clatter down
from our very own sky.

KLAVSTROFOBIJA

Skozi tunel slamice
bo micena mravljica
z mrvičko oddrobila,
če se ne boji biti obkrožena.

ODITI NAPREJ

Potovanje
te vodi v prihodnost,
če ne siliš
nazaj.

KAKO RAZLIČNI ZASPIMO

Ležati v postelji pomeni
na mestu vodoravno počivati
med dvema ploskvicama.
Prva te nosi, druga pokriva.

Ptiček pa kar na nogicah
nemo, enako kot se pred mačko
tudi miška skriva –
počivčiva.

TA PAMETNA

Kadar te peče
morje v nosu,
imaš sol v glavi!

CLAUSTROPHOBIA

A teensie ant'll
scarper up a straw-tunnel
with a weensie scrap of stuff
unless she's feart of being cornered.

MOVING ON

Travelling
takes you into the future
as long as you're not facing
backwards.

WE SLEEP INDIFFERENT

To be lying abed
means to be at rest on one plane
between two horizontal layers:
you're held in space & covered over.

But a teenie bird on its weenie legs
frightened as a mouse caught
numb by a puss –
just sits chirpy-chirping there!

SMARTIE

Gin salt-watter
gangs up yer snozzle
ye'll be stang in the heid!

MAJA VIDMAR

Translated by Ana Jelnikar & Kelly Lenox Allan

MAJA VIDMAR was born in 1961 in Nova Gorica. She studied comparative literature in Ljubljana, where she currently lives as a free-lance writer. She is the author of several poetry collections: *Razdalje telesa* (Body Distances) (1984), *Načini vezave* (Ways of Binding) (1988), *Ihta smeri: izbrane pesmi* (Urgent Direction: Selected Poems) (1989), *Ob vznožju* (At the Base) (1998) and *Prisotnost* (Presence) (2005), which was awarded the Jenko Prize. She is also the winner of the prestigious Prešeren Foundation Award, and her work has appeared internationally in various literary journals and anthologies. Her selected poems were published in German translation in Graz and this book received the Hubert-Burda-Stiftung Prize in 1999. A Croatian translation was also published in the same year in Zagreb under the title *Akt*.

HIŠA

Z očetovim mlekom
sem pila trdno
arhitekturo
hiše,
a še v teh prostorih
sem se zvečer
pokrivala čez glavo,
in nobenega
dvoma ni:
na odprtem bi
prišli, ki jih ni,
in me požrli.

Težko je s hišo
v glavi.
Zvečer sedam
na zadnji
prag
in jih zateglo
kličem,
ki jih ni.

PESNICA

Moja lepa mlada mama
me je vsako jutro prodala.
Težko se je branila mojih
ročic.
Moja lepa rjavolasa mama
me je vsak popoldan kupila.
Vsak večer
je lepa črnolasa ženska
stala ob moji postelji
in me učila, kako v
nemi grozi odkriješ krik.

THE HOUSE

With father's milk
I drank
the solid architecture
of the house,
and yet in these rooms
every evening
I covered up my head.
There was no doubt:
out in the open they would
have come, those who are not,
they would have devoured me.

It is hard
with a house in your head.
In the evening I sit
at the back door
crying out for
those who are not.

POET

My beautiful young mother
sold me each morning.
It was hard for her to resist
my little arms.
My beautiful auburn-haired mother
bought me each afternoon.
Each evening
a beautiful black-haired woman
stood beside my bed
and taught me how,
in mute horror, to find a scream.

I. NIGREDO

Pred šipo
divji hišnik
seka
črne tačke.
Razkosani volkovi,
vsevprek razsuti,
gnojijo
šolski vrt.
Bežim,
da me ne opazi
za šipo
neusmiljeni vrtnar.

II. RUBEDO

Rdeča zemlja
kristali
v beli ovoj.
Véliki kamniti
čeprav
se nagiba
v vrtačo.
Z očesom
usode me
gleda
rdeče-beli
ahat.

I. NIGREDO

Outside the big window
the crazed caretaker
is cutting off
little black paws.
Dismembered wolves,
scattered all around,
fertilize
the school garden.
I run
so the cruel gardener
won't notice me
behind the glass.

II. RUBEDO

Red earth
crystallizes
with a white crust.
The great rocky
If
tilts into a sinkhole.
The eye of fate
stares at me:
red-white
agate.

III. ALBEDO

Belina
mrzle noči.
Hitra živalca
počiva svoj
strah.
Moja rdeča tačka
živi v
železni pasti.
Mesečina
in tri stopinje
v snegu.
Tja.

PAR

Sama sva
na samotnem otoku.
Čakava ladjo,
ki mogoče ne bo prišla.
Sama sva,
ženska in moški.
On ni nič posebnega
in veliko posebnega je,
kar mi ne ustreza,
vendar na otoku ni izbire,
ne zame ne zanj.

Sama sva
na samotnem otoku.
Vsak dan je natezalnica
med ja in ne.
Vsak dan je hujši
od seksa.
Najhujši je strah,
da bom zagledala ladjo
in bo treba zapustiti
obalo sredi filma.
Vsak dan je
darilo odloga.

III. ALBEDO

The whiteness
of a frozen night.
A small skittish animal
rests
its fear.
My little red paw
lives in
an iron snare.
Moonlight
and three footprints
in the snow.
That way!

THE COUPLE

We are alone
on a deserted island.
Waiting for a ship
that may not come.
We are alone,
a woman and a man.
He is nothing in particular,
with particularities,
not my thing,
but on an island there is no other,
neither for me nor for him.

We are alone
on a deserted island.
Every day stretched on the rack
between yes and no.
Every day is worse
than sex.
Worst of all is the fear
that I will spot the ship
and the shore will have to be
abandoned in the middle of the movie.
Each day is a gift
of delay.

KAKO SI ME LJUBIL

Iz megle
drevo.
Iz dežja
vsepovsod kapljice.
Na gladini,
toplejši od zraka,
meglice.
Zeleni kamni,
oblivani mehko in stalno.
V dih segajoče
pršenje neba.
Tolmun
brez imena
pod slapom.

POMARANČINA MOLITEV

Če mi boš določil
opazovalca, bom
v trenutku popolna.
V barvi in obliki sonca
ga bom vznemirjala
neusmiljeno
med svoje lune.
Veš, da nikoli ni
vzdržal popolnosti,
zato bom že ob prvem
rezu zadišala,
kot si nekoč rekel,
da lahko zadišijo
le pomaranče.
Ne skrbi, samo če
bo preštel vse moje
ikre, bo nesmrten.

HOW YOU LOVED ME

Out of the fog
a tree.
Out of the rain
droplets everywhere.
On the surface,
warmer than the air,
mists.
Green rocks, bathed
softly, continually.
Breath taking
spray of the sky.
A pool,
nameless,
beneath the waterfall.

PRAYER OF THE ORANGE

Give me an observer,
and that very moment I'll
be perfected.
With the hue and shape of the sun
I'll excite him
mercilessly
among my moons.
You know he could never
bear perfection
so, at his first cut,
I'll release that fragrance
you once said
only oranges possess.
Don't worry, only
by counting all my roe
could he be immortal.

SREDSTVA

Uporabi navadne besede
in izrabljene metafore,
tako, kot jih jaz uporabljam.
Uporabi izdane ljubezni
in povešene krvave roke,
tako kot jih jaz uporabljam.
Uporabi brezupne polete
trudnih golobov
in ta zlizani kamen,
ki še edini gleda iz vode,
tako kot ga jaz uporabljam.
Uporabi odrevenele noge
na poti pod vodo
in strah, da ni izhoda,
tako kot ga jaz uporabljam.
Uporabi mojo skorajšnjo smrt,
kot jo uporabljam jaz,
samo da bi zaslišala šepet
med nama,
še najraje iz navadnih besed.

NA SPREHODU

Senca ograje
takega balkona
lahko v kateremkoli
času pada na
zasneženi vrt
in tam leži v
ledeni noči med
razpotegnjenimi vzorci
svetlobe iz rumene sobe.

Jaz pa se prestopam
na beli poti,
nepreklicno zunaj
vsega, in ne morem
iztrgati železne ograje
iz toplega mesa,

THE MEANS

Use ordinary words
and worn-out metaphors
the way I do.
Use betrayed loves
and bloody, limp hands
the way I do.
Use hopeless flights
of tired pigeons
and this burnished stone,
about the only thing above water,
the way I do.
Use numb legs
on your way into the water,
and the fear there is no way out
the way I do.
Use my imminent death
the way I
use it:
just to hear our whispers
to each other,
preferably, in ordinary words.

ON A WALK

The shadow
of this balcony's railing
can fall
at any moment on
a snow-covered garden
and lie there in
the icy night amid
elongated stripes
of light from the yellow room.

I shuffle my feet
on the white path,
forever outside
everything, and I can't
wrest the iron railing
from warm flesh.

čeprav niti ne vem,
kaj me veže na senco
takega balkona.

OKUS MAVRICE

Prav zdaj
sveti mavrica
na skodelico
in na moj topli
čaj.

Čudno sklonjena
jo srebam
glasno
z vrha čaja
in od vekomaj
je vse tako.

UČITELJ

Če imaš srečo
in po vseh učiteljih
srečaš učitelja,
ki na različna
vprašanja odgovarja
z istim,
a tako različno,
da se te nekega dne
le dotakne skupni
imenovalec vrnitve,
hočeš hvaležno pasti
na kolena, a učitelja
do sekunde takrat
ni več in veš samo,
da se smehlja.

I don't even know
what's binding me
to the shadow of this balcony.

A TASTE OF THE RAINBOW

Right now
a rainbow shines
on the cup
and on my warm
tea.

Strangely bent over
I slurp
it off
the tea;
it's been like this
forever.

TEACHER

If you are lucky,
after all your teachers
you will meet one
who for different
questions answers
the same,
but so very differently.
One day you are
struck by the common
denominator, returning,
and you want to fall gratefully
to your knees, but your teacher
is perfectly gone
and all you know is
he's smiling.

PRISOTNOST

Kadar ga sekajo,
bor stoji.

Niti pomisli ne,
da bi z izruto
blatno korenino
bežal po cesti.

Kadar ga sekajo,
je najbolj drevo.

HČERKI

Nekoč bova peljali
tigra v dolino.
Bo ležal na odprtem
pragu in nama
posojal zlato.

Toda zdaj, zdaj ne
morem spati pred
usodo kačjih črt, kdaj
bo spet zdrsnila
čez tvojo zibko.

Če ne bi bilo tebe,
ti povem, bi spet
bežala v grozi,
saj v žrelu noč in dan
straši zadah požrtih.

Nespečna se ga
učim, se učim
objeti, da ga bova
nekoč peljali,
tigra v dolino.

PRESENCE

When they cut it down
the pine tree stands.

It doesn't even consider
that it could, with its ripped-out
muddy root, flee
down the street.

When they cut it down
it is most fully tree.

TO MY DAUGHTER

One day, you and I
will ride the tiger into the valley.
It will be lying in the open
doorway and will
lend us gold.

But now, right now,
I cannot sleep
for fear of those snake lines
when, once again, it creeps
across your cradle.

If it weren't for you
I tell you, I'd again
be fleeing in horror,
for the stench of the devoured
lurks night and day in its gullet.

Sleepless, I am
learning, learning
to embrace it
so that one day we will ride
the tiger into the valley.

IZAK

Kadar Izak spi,
mu pokrivam perutničke,
ga gledam, kako diha,
in ga voham,
kakor da je moj.
Ko mi Izak maha,
ga svarim čez cesto
in trepečem,
kakor da je moj.
Ker ga spuščam,
ko trikrat potrkam,
ga spuščam vsak dan
med zveri.

Kako naj rečem,
kakor da mi je vseeno,
Izak, pridi, greva
na visoko goro.
Kako naj iščem tnalo,
gladko, čisto tnalo
zanj.
Kako naj z nožem,
kakor da mi je vseeno,
z golim, sivim nožem
živega,
kako naj ga odrežem stran.

Izak, pridi, greva.

ISAAC

When Isaac sleeps
I cover his little wings,
I watch him breathe
and smell him
as though he were mine.
When Isaac waves to me
I warn him across the street,
trembling,
as though he were mine.
For I let him go,
touching wood,
every day I let him go
among the beasts.

How do I say,
as though I didn't care,
Isaac, come,
let's climb the high mountain.
How do I search for a chopping block,
a smooth, clean chopping block
for him.
How do I take a knife
as though I didn't care,
take a naked, grey knife –
how do I cut him off
so alive.

Isaac, come, let's go.

KONKORDAT

Ti boš meni
nedolžna otroka
živa in zdrava
puščal živeti,
jaz bom tebi
nenehno ogledalo
svoje bede.
Če boš iz
moje srede
še zrcalce
hotel vzeti,
vzemi.
Tudi neme oči
se na otrocih
spočijejo.

I. ZIMSKA

Meč leži
v plitvini,
s plosko konico
v vodi peska,
z ročajem,
rahlo lebdečim,
v vodi mulja.
Včasih zablisne,
ko plivka proti
mrzlemu bregu.
Junaki hitijo,
le otrokom se zdi,
da je nekaj v vodi.

PACT

You will let my
two innocent children
live and thrive.
And I will be your
constant mirror
of wretched poverty.
If you want
my inmost light,
take it.
On children,
even mute eyes
can rest.

I. WINTER POEM

A sword lies
in the shallows,
its flat tip
in the sandwater,
its hilt
floats gently
in the siltwater.
The sword flashes now and then
as it laps against the cold shore.
The heroes are hurrying;
only the children notice
there is something in the water.

II POMLAD

Še nikoli jih ni
tako vleklo
na obalo.
Zanosne prinašajo
sveže perilo in ga
polagajo na
odprte lokvanje,
pod noge tistih,
ki so prvič shodile
po vodi.
Nekatere trdijo,
da je vzcvetelo
veliko utopljeno srce.

III ZADNJE POLETJE

Voda se ni shladila niti
ponoči, ko so prihajali
še zadnji junaki.
Težko je razložiti
ta zvok, toda počasi so
razrezali vse otroke,
čeprav jih je bilo
toliko, da so si iz
lask in prstkov pletli
mehke splave. Proti jutru
se je zdelo, da se objemajo,
a so si le mlada srca
izdirali v vroči mulj.

II. SPRING

Never have they
been so drawn
to the shore.
Ecstatic, the women bring
freshly-washed linen
and spread it
across the blooming water lilies,
under the feet of the women
who have, for the first time,
walked on water.
Some of them say
a big drowned heart
has flowered.

III. THE LAST SUMMER

The water did not cool
even during the night, when the last
of the heroes came.
The sound is hard
to describe, but slowly
they cut up all the children,
even though there were
so many that out of fine hair
and little fingers they wove
soft rafts. Towards morning the heroes
seemed to be hugging each other,
but instead, they were slicing out
their own young hearts into the hot silt.

IV JESENSKA

Jezero je prejelo
svojo pravo
podobo.
Vse je tu, a ničesar,
kar bi lahko videli
z bolnimi očmi.
Če bi ne bilo vseeno,
bi lahko občudovali
prvotni drget meglic.
Na splavu se nekaj
stark
uči brati,
po spominu.

IDILA

Ni slučaj, da sva se
z otrokoma znašla
v dvigalu. Tudi ko
sem bila majhna,
je bilo najlepše v
avtomobilu, kjer
smo si bili vsi na
dosegu roke. Kabina
je hrsknila kakor
sveža napolitanka,
otrokoma sva rekla,
dobro je dobro je,
in res ni bolelo.
V predhipu sem
bila hvaležna za
izkušnjo.

IV. AUTUMNAL

The lake has been given
its true
form.
Everything is here, but
we can see nothing
with our ailing eyes.
If it would make any difference,
we could watch
the first shudder of mist.
On the raft, a few
old women
are learning to read,
from memory.

IDYLL

It's no coincidence that you and I
and the two children found ourselves
in the lift. Even when
I was little,
it was loveliest
in the car, where
we were all within
arm's reach. The lift
crunched like
a fresh sugar wafer.
We said to the children,
it's alright, it's alright,
and really, it didn't hurt.
Just moments before,
I was grateful for
the experience.

UROŠ ZUPAN

Translated by Ana Jelnikar & Stephen Watts

Uroš Zupan, a poet and essayist, was born in 1963 in Trbovlje and graduated in comparative literature from the University of Ljubljana. A winner of numerous prizes, including the Prešeren Foundation Award, the Jenko Prize, Herman Lenz Preis (Langenburg, Germany 1999) and the Premio della VI Edizione del Festival Internazionale di Poesia (Genova 2000), he has published eight collections of poetry and three books of essays. His poetry titles include *Sutre* (Sutras) (1991), *Reka* (River) (1993), *Odpiranje delte* (Opening of Delta) (1995), *Nasledstvo* (Succession) (1998), *Drevo in vrabec* (A Tree and a Sparrow) (1999), *Nafta* (Oil) (2002), *Lokomotive* (Locomotives) (2004) and *Jesensko listje* (Autumn Leaves) (2006). The books of essays are: *Svetloba znotraj pomaranče* (Light inside an Orange) (1996), *Pesem ostaja ista* (The Song Stays the Same) (2000) and *Pešec* (Walker) (2003). He has translated a number of poets, including Yehuda Amichai and John Ashbery. His own work has appeared in numerous languages, books and journals. He lives with his family in Ljubljana and is a free-lance writer.

VRT, BACH

Tu ni smrti. Vse oblike se le pretakajo druga
v drugo. Vse plava in lebdi. Ko zaprem oči,
vidim makadam, ki leti v nebo. Akacije se
razdajajo s svojimi sencami, razsipajo belilo
vonja, češnje jim odgovarjajo z druge strani
vrta, z zunanjega roba dneva. Njihova govorica
bo kmalu postala rdeča. Pročelja sivorjavih hiš
z gorečimi okni kot mnogoustni velikani jedo
poznopopoldansko sonce. Rumeni bagerji so obglodali
hrib. Majhen sem. Božam majhno muco, nižjo
od majske trave. Slišim glasove ljudi, ki vstopajo
in izstopajo iz hiše za mano. Ko gredo noter,
jih ližeta tema in hlad, ko se vrnejo nazaj ven,
se nanje usuje sončni prah. Španski bezeg ločuje
naš vrt od ceste, ločuje naš vrt od sveta. Samo
razdrobljeni glasovi in razrezane sence prihajajo v
njegovo notranjost. Vsi me kličejo po imenu in
polagajo roke na mojo glavo. Ne poznam še besed –
Jeza, Strah, Sovraštvo, Bolečina, Odhod. Ne poznam
prostorov za njihovim zvokom. Ničesar ne poznam,
le ta vrt, neskončen lučaj oči, ki merijo svet.
Če se uležem na hrbet, vidim oblake. Če previdno
diham, se oblaki spreminjajo. Zdaj so: letalo,
pasja glava, konj, ovca, dlani prinašalke snega.
Zdaj plujemo skupaj. Sedem morij in devet
gričev je do prve reke in zadnje doline. Nikoli
konec vrta. Nikoli konec sveta. V sobi vseh ur,
ne križišču vseh dni, gori večna luč ali pa
ena sama sveča. Vseeno je. Na notranji meji zlata
se obračajo strani prihodnosti. Ker sem majhen,
jih ne znam brati. Ker sem majhen, se mirno
plazim pod veko časa. Vrata v luč so na stežaj
odprta, tapecirana in mehka. Nikogar ne udarijo,
nikogar ne zavrnejo. Ležim in gledam in neslišno
diham. Vrt se bo vsak hip spremenil v oblak. Tako
lahko najdlje traja v arhivu neba.

GARDEN, BACH

Here, there is no death. All forms sift, one from
another. Everything floats and hovers. I shut my eyes
and see macadam sucked up to the skies. Acacias
give generously of their shadows, strewing the white
of their scent. Cherry trees answer from the far end
of the garden, the outer edges of day. Their speech
will soon become red. Grey-brown house fronts, with
windows sun-blazed as square-eyed giants, gobble up
the afternoon sun. Yellow digger-trucks scoop away
the hillside. I am small. I stroke a kitten that's smaller
than May-time grass. I hear people's voices coming
and going from the house behind. When they enter, they
are licked by the dark and chill cool, when they exit
they are showered by the sun's dust. Elder flowers
keep the gardens away from the road, the world.
Only crumpled voices and felled shadows come into
its inside. Everyone's calling me by my name and laying
their hands on my head. I don't yet know the words –
Anger, Fear, Hate, Pain, Leave-taking – I don't know
the spaces behind their sounds. I don't know anything.
Only this garden, an infinite squint to conjure a world.
If I lie on my back, I can see the clouds. If I breathe
calmly, the clouds change : an air-plane, a dog's head,
a horse, a sheep, the whited palms of the snow furies.
Now we sail together. Seven seas and nine hills have we,
to get to the first river, the last valley. Never an end to
this garden. No end to the world. In the rooms of time,
at the crossroads of days, eternal light glows, or else
a single candle. It makes no difference. On gold's inner
rim, the future days make circles. Because I'm small,
I cannot read them. Because I'm small, I calmly slide
under the eyelids of Time. Doors into light are wide
open, soft-cushioned. They don't slam shut on anyone,
they don't reject anyone. I lie and watch and I breathe
inaudibly. The garden will be a cloud any minute now.
Like this it can last for ever in the archives of the sky.

IGRANJE BOGA

Dve leti je moja senca deževala v
jezik. Svet se ni spremenil. Planet
se čisti in krvavi. Mesec sledi mesecu.
Sončna in deževna razpoloženja se izmenjujejo.
Po pločnikih se sprehajajo ljudje. Posedajo
po kavarnah in se pogovarjajo. Branjevke
na tržnici so prijazne. Sveža zelenjava diši.
Raj in padec se včasih znajdeta v ravnovesju.
Pogled v svet, zapuščanje lastnega kozmosa,
razširi življenje in skrha robove. Zemlja
je tista, ki prišteje čas, Natašino telo,
njena toplota in njen glas. Če jih
moja sebičnost spodmakne, me prestavi
v drugo dimenzijo in drugo hitrost.
Križam sebe in ljudi. Tema za pošastjo
jezika se vname. Raketa brez posadke
zapusti izstrelišče. Nekdo, ki se je sam
podal na južni tečaj, v mislih prešteva
ledene kvadre, jih sestavlja v zgradbo
smisla, da v svoji zamaknjeni slepoti
ne uniči ljubezni. Mojemu prijatelju
se je prejšnji teden rodila hčerkica.
Jokal je, ko je zagledal njeno glavico.
Zdaj je spremenjen in drugačen. Njegov
glas je mehkejši in na obrazu mu
počiva sled luči. Tudi jaz bi rad
položil dlan na vzhajajoč ženski trebuh,
na polne ženske prsi. Edino človeška
mera lahko veže nase kisik. Kriteriji
iz umetnosti, preneseni na ljudi, zakrijejo
bistvo sveta. V neznanem stoletju Parcival
nepremično zre v tri kaplje krvi na snegu.
Obstajajo stvari v življenju,
pomembnejše od igranja Boga.

PLAYING GOD

For two years my shadow's been a rain
of words. The world has not changed. Earth
purges itself and bleeds. Months follow on
months. Rainy days alternate with the sun.
People walk along the pavements. And they sit
in cafés and talk. Women grocers in the market
are friendly. The smell of fresh vegetables good.
Paradise and the Fall sometimes find themselves
in balance. Insights to the world, withdrawal from
one's own cosmos, broaden life, rough the edges.
The earth is what adds on time, Natasha's body,
her warmth and her voice. If my ego undermines
them, I'm vectored off to another point in space.
Then I crucify myself and others. The darkness
behind the monstrosities of language flares up.
The rocket takes off without its crew. Someone
who's set out alone for the South Pole, counts ice
floes in his mind, so that in his captive blindness
he won't destroy love. A baby was born to my
friend last week. He cried when he saw her tiny
head. Now he's changed and different. His voice is
softer and a trace of light rests on his face. I too
would like to place my hand on a rising belly, on
full female breasts. Only human measure binds
oxygen to itself. Criteria in art, applied to people,
hide the essence of the world. In an unknown
century, Percival stares out at the three drops
of blood in the snow. There are more important
things in life than playing God.

URESNIČILE SO SE SANJE

Na sprejemu v Buckinghamski palači sta zakonca
  Beckham nosila kreacije Dolce&Gabbana in klobuka
Philipa Treacyja. Na parkirišču sta se slepeče
  bleščala dva srebrna bentleya. Kraljica je nemirno
postopala po sobanah in si ogledovala svoj brezhibni
  profil v z zlatom uokvirjenih ogledalih pokradenih
povsod po svetu. Dlani so se ji znojile, ko
  je izročala odlikovanje *Reda Britanskega Imperija*
kapetanu angleške reprezentance. Njeni dragulji so
  temneli kot slava države, ki ji je nekoč vladala
kraljevske družina. Zakonca Beckham sta bila ljubka –
  samo v nakitu vredna 10 milijonov funtov.
David je nosil zlato žepno uro in prstan z 32-karatnim
  diamantom, vrednim 5 milijonov funtov.
Victoria je bila okrašena z lastno zamislijo –
  15-karatnim diamantom, vrednim med 1,5 in
2 milijona funtov. Med praznjenjem kozarcev s
  šampanjcem so na strop palače projicirali
nekakšen *close up,* nekakšno morje, narejeno iz
  napihnjenih trebuhov afriških otrok, ki je
od daleč izgledalo kot prostrana pokrajina velikih
  čokoladnih bombonov. Izbrani so se množično
onesveščali od visoke estetike prizora.
  In Victorija je neprestano ponavljala svojo sveže
kupljeno špansko mantro – DONDE ESTA GUCCI,
  DONDE ESTA GUCCI, DONDE ESTA GUCCI – in
govorila, kako bo prekinila glasbeno kariero
  in se posvetila študiju kabale, kot sta to
pred njo naredili že Demi Moore in Madonna.
  Kako se bo znebila vseh silikonskih dodatkov,
za katere že licitirata in tekmujeta Jeff Koons in
  Damien Hirst, da bi jih vložila v formaldehid
in steklo. Kako bo sledila svoji vzornici Materi
  Terezi in postala misijonarka in resna
kandidatka za Nobelovo nagrado za mir. David
  je kot vedno stal ob strani in bil olikan
in sladek do bolečine in je razgibaval svojo
  desno nogo. (Uresničile so se mu sanje.)
Le papež je mirno sedel v Vatikanu in si vsega
  skupaj ni preveč gnal k srcu. Jedel je mehko
meso purana, ki je med vzrejo po ozvočenju poslušal
  zvonove, zanihane od vetra, šumenje stepske
trave, speve kitov, zvoke zore. Jedel je mirno in

DREAMS HAVE COME TRUE

At the Buckingham Palace reception the wedded
  couple Beckham wore Dolce&Gabbana creations
and hats by Philip Treacy. Outside two silver Bentleys
  blindingly blazed. The Queen was restlessly
walking through her rooms and catching sight of her
  impeccable profile in gold-rimmed mirrors stolen
from around the world. Her palms were sweating as
  she gave out the *Order Of The British Empire*
to the captain of the national team. Her jewels lost
  their lustre, as did her country, once reigned over
by the royal family. The Beckhams were looking sweet –
  worth 10 million pounds in jewellery alone.
David was wearing his gold watch and a ring with a
  32-carat diamond worth 5 million pounds.
Victoria was decorated with her own creation –
  a 15-carat diamond worth between 1.5 and
2 million pounds. While everyone was emptying
  their champagne glasses, a kind of *close-up*,
a kind of sea, made of the bloated bellies of African
  children, which from a distance looked like
a vast landscape of chocolate bonbons, was projected
  onto the palace ceiling. Everyone present
was fainting from the high-toned aesthetics of the scene.
  And Victoria kept repeating her new-minted
Spanish mantra – DONDE ESTA GUCCI, DONDE
  ESTA GUCCI, DONDE ESTA GUCCI – and saying
how she was going to put her music career on hold
  and devote herself to the study of the Kabbalah,
as Demi Moore and Madonna had done before her. How
  she was going to get rid of her silicone supplements –
Jeff Koons and Damien Hirst were already preparing bids –
  so they could put them in formaldehyde and glass.
How she would follow in the steps of Mother
  Theresa, and become a missionary and a serious
candidate for the Nobel Peace Prize. As always,
  David stood by her side, a picture of politeness,
sweet till it hurt and was flexing his
  right foot. (His dreams have come true.)
Only the Pope was sitting quietly in the Vatican, not
  taking any of it much to heart. He was eating tender
white of turkey that had been bred to the music of church
  bells that swayed in the wind, the murmurs of steppe
grass, whales' chanting and the sounds of dawn. Quietly

zraven gledal televizijo in brez besed in
kretenj blagoslavljal svojega rojaka Jerzyja Dudka,
  ki se v zadnjem času na vratih Liverpoola
ni prevečkrat izkazal z bravuroznimi obrambami.
  Beatificirana luč se je vrtinčila okrog njegove
glave in v enakomernih curkih pršela na vse strani.

DREVO IN VRABEC

Včeraj je začelo prihajati temno morje.
Slišala sem, kako se dviguje in spodmika zrak,
slišala sem, kako raste čez krošnje dreves.
Zajci v zajčniku so nemirno trzali v spanju.
Njihove zaprte oči so žarele v temi, polkna
udarjala in koraki mojega pozabljenega telesa
so drseli po zapuščenih prostorih. Sama sem.
Tišina v moji lobanji je postala gosta kot glina.
Sije v oddaljene sobe. Vsi so odšli.
Nenadne smrti in slovesa. Počasna umiranja
in slovesa. Odhodi kot smrt. V čem je sploh
razlika? In potem dolgo nagibanje nad
brnenje v telefonski slušalki. Nešteti impulzi molka.
Družina se porazgubi, raztepe po svetu, izgine
kot glasba v prostoru. Ljudje se porazgubijo,
raztepejo po svetu, izginejo kot svetloba,
ko ugasneš luč. Čedalje manj spim.
Mogoče je to zdravilo, ki daljša življenje.
Spanec ni nič drugega kot posnemanje smrti.
Samo obračam se med rjuhami. Moja pljuča
se dvigujejo in spuščajo kot morje.
A na to nisem več pozorna. Čedalje lažja
sem in bolj skrčena. Čedalje manj zraka odrivam.
Čedalje bolj čutim, da postajam podobna vrabcu.
Nočni veter nenehno prinaša rumen prah v mojo
budnost. Iz njega sestavim krik ženske,
ki sem ga zakopala na dno oceana,
ki sem ga slišala med barakami,
na meji med življenjem in smrtjo.
Nisem poznala njenega jezika,
a let glasu mi je govoril, da prosi za luč.

he ate, watching television and, without doing
or saying anything, gave his blessings to Jerzy Dudek
   who hadn't been doing all that well in the Liverpool goal
with his bravura keeping. Beatified light swirled around
   his head and in measured streams flowed to all sides.

A TREE AND A SPARROW

Yesterday the dark seas began to rise.
I heard them coming, setting aside the air.
I heard them growling over the canopy.
Cooped-up rabbits twitched in their sleep.
Their closed eyes glowed in the dark. Shutters
banged and the steps of my forgotten body
glided through deserted rooms. I am alone.
The silence in my skull cloys thick as clay.
And shines into distant rooms. Everyone's gone.
Sudden deaths and farewells. Slow deaths and
goodbyes. Farewells that resemble death. Does
it make any difference anyway? The long bend,
the buzz down the line: infinite pulses of silence.
The family disperses, goes its separate ways,
vanishing like music in a room. People disperse,
go their separate ways, vanish like lights when
you switch them off. I sleep ever less and less.
It could be a cure-all for longer life. But
sleep is only an imitation of death. I keep
tossing and turning between rucked sheets.
My lungs ebbing and flowing like tidal seas.
I'm no longer conscious of it. I'm ever lighter,
more huddled into myself. I need less and less room.
Displace ever less air. And increasingly
I feel that I've come to resemble a sparrow.
The night wind constantly seeps yellow dust
into my insomnia. With it I mould a woman's
scream that I had buried at the bottom of the sea,
that I had heard between huts somewhere
on the border between life and death.
I couldn't follow her words, but the flight of

Takrat nisem razumela. Zdaj razumem.
Tudi moja najvišja prošnja je prošnja
za luč. Samota je na svetlobi blažja.
Zmotno je prepričanje, da se oči spočijejo
v temi. Samo luč jim prinaša pravi počitek,
osvetljena ležišča na predmetih.
Živali so budne in rože razprte.
Lahko si izmenjujemo sporočila.
Lahko jim dajem življenje, lahko jih vzgajam
in zalivam z ljubeznijo, ki sem jo
nekoč dajala najbližjim. Sosedi,
ki gredo mimo hiše, me ogovarjajo.
Ko govorim z njimi, pozabim na vse.
Ko se pogovarjam sama s sabo, se vsega spominjam.
Polkna udarjajo in morska sol sneži na travnike.
Nočne ptice začenjajo govoriti jezik rib.
Roka, v katero so mi angeli uničenja
vžgali znamenje, prelamlja mrak.
Tam v zadnji sobi se bo našla,
kako pred spanjem vleče odejo do otroških oči.
Bolj ko se oddaljujem po krožnici časa,
bolj se bližam svojemu začetku.
Tudi dimenzije mojega telesa so čedalje
bolj podobne tistim z začetka. Tam
v zadnji sobi bom danes mogoče srečala
neznanca, čigar um drhti in poje.
Podal mi bo roko in utrl gaz skozi reko,
me popeljal na drugo stran. Kaj sploh blodim?
Vse si samo domišljam. Polarna
noč se vleče globoko v dan. Čeprav slišim kri,
ki mi polni žile, ne najdem
izhoda iz budnosti. Če ponoči vstaneš,
oddrsaš do kuhinje in tam srečaš
človeka, ki je rasel v tvojem trebuhu,
veš, da še obstaja upanje,
veš, da se skozenj seliš v prihodnost.
Toda vsi so odšli. Čeprav se mi včasih zdi, da so za
sabo pustili sled, kot na razglednicah,
ki so mi jih pisali iz velikih mest,
na katerih ulice ostajajo
prepredene z avtomobilskimi žarometi
še dolgo po tistem, ko so avtomobili
že zdavnaj odpeljali. Ptice dobivajo

her voice told me she was pleading for light.
Then I stopped understanding. But now I do.
Even my highest plea is an appeal for light.
Solitude becomes milder in light. The belief
that eyes can only rest in the dark is false.
Only light can bring them real respite,
can give form to the sheen of things.
Animals wake up and flowers open out.
I can exchange messages with them.
I can give them life, can nurture them,
can water them with a love I once gave
those who were dearest to me. Neighbours
passing by my home stop to chat.
Talking to them I forget about everything.
Then talking to myself it all comes back.
Banging shutters and sea-salt strewn across meadows.
Night birds beginning to speak the language of fish.
The hand onto which the angels of destruction
have burnt their mark, breaking the dusk.
There in the back room, before sleep comes, it'll
find itself pulling blankets up to her child eyes.
The further I go along the circling of time
the closer I get back to my beginnings. And
the dimensions of my body are ever more
shrinking back to their origins. There
in the back room I might meet
a stranger whose mind quivers and sings.
He will offer his hand, wade across the river
and take me to the other side. I would just
drift in his swim. But I'm imagining all this.
Polar night stretches deep within the day.
Though I can hear blood sluicing in my veins
there is no way out of this insomnia. When you
get up in the night, sidle through to the kitchen
and there meet the one who grew big in your belly,
you will know that there is still hope, and that
through him you can move to the future.
And yet everyone has gone away. Though
at times it seems to me they've left behind
some trace, as if they'd written postcards
and sent them here from vast cities,
the strobe of headlights still entwined
on the streets long after all the cars had

nazaj svoje glasove. Kmalu se bo začelo daniti.
Moja prošnja bo še enkrat uslišana.
Vstala bom in odšla na vrt.
Pogledala v zajčnik, ali je temno morje,
namesto mene, vzelo kakšnega zajca.
Vedno mislim, da je bilo meni naklonjenih
toliko let, ker so bila odšteta drugim.
Sprašujem se, ali še obstaja neko povprečje
let, s katerim se nekdo igra,
ki ne zna računati, ki nima občutka za
skladnost in ravnovesje. In ker tako
kot nekateri drugi ne poznam drugačnega
načina za maščevanje smrtnikove roke,
se bom enkrat v prihodnosti
dotaknila edinega drevesa na vrtu, na katerem
vedno sedijo vrabci. In bom postala tisto,
kar sem že ves čas. Drevo na samem.
Njegovo lubje bo moja koža.
Ko se bodo ljudje včasih vrnili,
bodo njihovi otroci dremali v moji senci.
In če bom spala, bom spala kot drevo.
In če bom potovala, bom potovala kot vrabec,
ki vedno ostane v bližini gnezda
in se nikoli ne seli na jug.

gone. Songs returning to the birds.
Soon dawn will come. My plea be heard.
I will go out into the garden once more and
look inside the hutches. To see if the dark
waters have taken a rabbit in place of me.
Always I feel I was given so many years
because others had been deprived of theirs.
Isn't there a balance of years to be shared
that someone might conjure, someone who
cannot fathom algebra, who has no sense
of harmony and balance. And since, like
many people, I know no other way
to avenge this mortal hand,
I will, at some time that is still to come,
touch the only tree in the garden where
sparrows always sit and become what
I have always been. A solitary tree.
Its bark will be my skin.
And when its people come back home,
their children will snooze in my shade.
And when I sleep I will sleep as a tree does.
And when I travel I will go as a sparrow
that always stays close to its nest,
never flying south.

NOKTURNO

Noč je. Otoki zmrzujejo na nebu.
Položeni so vsi računi. Mrtvi pripadajo
samo mrtvim, živi samo živim.
Nobena druga ura ne obstaja
razen te, v kateri nas je dohitela
utrujenost. Zložili smo oblačila
in si z obrazov izmili pretekli čas.
Naše želje, ki nikoli niso pomenile
varnih zavetišč, so se izgubile med
zvezdami. Odpravljamo se.

Če bo sreča mila, bo to potovanje
potekalo v tišini, brez nas. Sapa,
izdihana iz pljuč, se bo nakopičila
pod stropi kot oblaki. Molk,
ki se mu je uspelo izmuzniti iz
zamolčanih misli, bo našel svoje
mesto, bo prenehal vznemirjati.

Zjutraj nas bo svet, na neviden znak,
po nikomur znanem zaporedju in urah,
še enkrat nevede povabil v svoj objem.
Iz smeri podzemske reke se bodo
v posamičnih skupinah, kot razbita
kolona romarjev, ki je v sanjah dosegla
svoj cilj, začela vračati izgubljena telesa.
In okna, naši edini mostovi do
resničnosti, bodo v prvi svetlobi
zažarela kot prevara, kot vrata v nebo.

NOCTURNE

Night. Islands are freezing in the sky.
All accounts are settled. The dead belong
only to the dead. The living to the living.
No other hour exists
but this, in which we've been
meshed in tiredness. We've folded our clothes
and washed the past from our faces.
Our desires, which had never included
safe havens, were lost amid
stars, as we set off.

If fortune smiles, this journey will take place
in silence, without us. Breaths
exhaled from our lungs will pile up
like steam beneath the ceiling. The quiet that
managed to elude our hidden thoughts will find
its place and cease to disturb.

In the morning, with an invisible
sign, in a time and sequence known to no-one,
the world will once more unwittingly invite us into its
embrace. From the direction of an underground river,
like a broken chain of pilgrims that will reach
its goal only in dreams, lost bodies will start
to come back in separated groups.
And at first light,
windows, our only bridge to reality,
will flare up as an illusion, a doorway to heaven.

iz SLOVO OD FILOZOFIJE

* * *

Rada je dajala božati prsi soncu.
Neka nedolžna elektrika je kot
poletna sopara valovila okrog nje.
Prijateljice so bledele v svojih enoličnih
akordih in natakarji so vračali čedalje
več drobiža. Mi smo sedeli v bližini, uročeni
od točke, na kateri so nasedli naši pogledi.

Otepali smo se zasilnih rešitev. Idealni
modeli spomina so plavali po naših mislih
kot speči ledeniki, ki zakrivajo obzorje. Poletni
dan se je z veseljem spuščal po ulici in
igral na harmoniko melodijo, podobno jezikom
puščave. Ves naličeni sijaj razuma je povešal
glavo pred tem trenutnim dostojanstvom.

Žalujem za tistim, kar se izgublja.
Moje srce udarja in prepričujem se, da je
važna predvsem domišljija, ki vstopa na
polje neoznačenih stvari. Zadovoljstvo se
je zbujati v njenem vrvežu, se soočati
s premori, ki se širijo po njej kot
tihi smeh, spran od sončne svetlobe.

Jutri bo mogoče temačno jutro, sočutno s
priložnostmi hladnega zraka. A zdaj še
pakiramo svoja dejanja. Med gredicami bršljana
in zlatimi rokami avgusta molčimo in ne
pričakujemo nič, le poslušamo, kako se na
dnu časa zadevajo kamni, odloženi v globoko
senco, ki brezskrbno plove v preteklost.

from FAREWELL TO PHILOSOPHY

* * *

She liked to expose her breasts to the sun.
Some dream-flecked electricity made waves
around her as does the sultry heat of summer.
Her friends grew pale in their dreary tones
and the waiters were giving back more and
more change. We were sitting close by,
mesmerised by where our gaze was stranded.

We were fighting off makeshift solutions. Ideal
models of memory floated up through our thoughts
like sleeping ice caps blocking off the horizon.
A summer day was moving jauntily down the street,
playing a tune on its accordion, similar to the languages
of the desert. All the made-up bliss of reason bowed
its head in the face of this momentary poise.

I am mourning what has become lost.
My heart's beating and I'm telling myself that it's
imagination that matters most, as it enters
the field of things not named. It is a pleasure
to be waking up amidst its traffic, to be coming
to terms with intervals rippling across as silent
laughter might, bleached from the sun's light.

Tomorrow might bring a bleak morning, and
with it opportunities of cooling air. But we are still
wrapping up our dramas. Amid the flower beds of ivy
and the golden arms of August, we keep silent and
expect nothing, listening only to how in the plummet
of time rocks toss against each other, and drift deep
into the shadows that casually float into the past.

* * *

Insekt se je ujel v jantar. Hiša je zamrznila
v času. Od tod se vse začenja. To bi lahko
bili začetni stavki, ali pa samo ugašajoč
refren zgodbe, ki jo je nekdo pripovedoval,
ko se je svetloba namestila med drevesa in
se počasi oddaljevala po poljih in nenadoma

pomirjenih gozdovih. Večer bo in znotraj
človeka je vse zaspalo, napolnjeno s sneženjem
prahu, starimi novicami in odlomki iz knjig,
ki smo jih brali in morali poznati v nekem
drugem življenju. Končano je. Skoraj pozabljeno.
Podarjeno obrazom, ki ne spregovorijo več, ko se

zagledajo na nerodno uokvirjenih fotografijah:«Bog,
kako sem se postarala. Ampak vonj tistega dneva,
ko me je prestregel objektiv, še vedno lahko
obnovim brez posebnih naporov.« Milina v dejanjih
in poteze smeha se dedujejo. Obleke, viseče po
omarah, čeprav neomenjene, se še vedno spominjajo

oblike telesa in vonja kože nekogaršnjih zadnjih
dni. Neprestano moraš živeti s tem, se pomikati
med jutri in večeri, zabavati, ko pade mrak,
in spati, ko mrak še bolj potemni. (Občudujem te.)
A nebo je junija vsako leto isto; modro platno
in na njem tu in tem puhasta vata, samotno delo

nevidnega čopiča. Ponoči z griča, kot svetilnik nad
uspavanim morjem, sije belo pobarvan cerkveni zvonik.
Pljuča poletne zemlje pod travo in žitom se enakomerno
spuščajo in dvigujejo. Obsedela sva v mraku in predajava
besede oddaljenim prostorom, ki se potem vračajo, kot
odmev, kot glasovi ljudi, ki jih nisem nikoli poznal.

* * *

An insect was caught in amber. The house froze
in time. This is where it all begins. These could
be the opening sentences, or else the dying
refrain of a story someone was telling,
as the light slowly settled among the trees and
began to peel back across the fields and the suddenly

quietened woods. It will be evening and inside
us everything has fallen asleep, filled with a fine snow
of dust, ancient news and extracts from old tomes,
which we read and got to know in some
other life. It is over. Almost forgotten.
Gifted to faces that will not speak, after seeing

themselves in oddly-framed photographs: "God,
how I've aged. But the aura of that day when
I was caught by the lens, I can still recollect it
without any trouble". The gentle way things are
done and lines of laughter inherited. Clothes, hanging
in closets, even if unremarked, still remember

the shape of the body and the skin-smell of someone's
final days. Constantly you have to live with this, move
between mornings and evenings, have fun when the dusk falls,
and sleep when the dusk deepens into darkness. (I admire you.)
But the sky in June is the same every year; a blue canvas
speckled here and there with a down of wool, the solitary work

of an invisible paintbrush. A white painted bell tower, like
a lighthouse above a sleep-rocked sea, glowing at night from the hill.
The lungs of the summer earth under the grass and wheat, falling
and rising regularly. We are sitting here in the dusk, passing
words across to far-off zones, which then return them as
an echo, as the voices of people I have never known.

* * *

Glasba zveni zjutraj drugače, kot je zvenela,
ko sem si s praznimi pljuči približeval vlažen
nočni zrak. Napovedani čas je čas, ki se je
ohranil le v pesmi. A mački se v zgodnjem
somraku še vedno premikata po požetem polju.

Ta podoba mi zaposluje misli. Zahtevati mojstrstvo
v prizmatičnem upodabljanju sveta je moja
obsedenost. Ženska, ki sem ji rekel, da je lepa,
je vstala od mize in stegnila roko proti meni
in v njej se je vodostaj trenutkov uravnal z

razpoloženjem poletnega dne. Veter v krošnjah,
reka pod mostom, toplota, akumulirana v betonu,
so se še vedno oklepali svojih barv. Note so
dosegle mejo zraka in opoldanske svetlobe.
To je bil njihov skrajni domet. Lahko sem le odšel

naprej in sklenil, da bom prenehal pripovedovati
zgodbe. Na ulici so glasovi mimoidočih dobili
pričakovano obliko, v kateri so se sogovorniki
dobro znašli. Telefoni so izmenično zvonili
in izmenično so se abstraktni načrti srečevali

z abstraktnimi načrti oddaljenih ljudi. Julija
je mesto nepremična ilustracija, rahlo obtežena
z vljudnostjo. Nič ni več daleč. Vse je le neprestano
odprta knjiga vtisov. V njej je tudi moja bodoča
žena, ki jo izdaja dvoje vedno toplih dlani.

* * *

Music sounds different in the morning to how it
was when I was drawing moist night air into my
empty lungs. Time foretold is time that
only a poem can capture. And yet in the early
twilight two cats still move across the reaped field.

This image is keeping my mind busy. To demand
clarity of the prismatic depiction of the world is my
obsession. The woman I told was beautiful got up
from the table and stretched out her hand
toward me and in her the water line of moments adjusted

to the mood of summer days. The wind in the treetops,
the river under the bridge, warmths accumulated in concrete,
still held to their colours. A music pitched
to the furthest reach of air and morning light.
That was as far as they could go. All I could do was

walk on, and decide that I would stop telling
stories like these. In the street the voices of passers-by
assumed their usual forms, which all of them
handled well. Mobile phones were ringing one after the other
and one after the other abstract schemes were conversing

with abstract schemes in far-away people. In July the town
is a painted frieze of fictions, mildly weighed down with
courtesies. Nothing is distant any more. Everything is
an always-open book of impressions. There also, my future wife –
given away by the constant warmth in the palms of her hands.

PETER SEMOLIČ

Translated by Ana Jelnikar & Kelly Lenox Allan

PHOTO: TIHOMIR PINTER

PETER SEMOLIČ was born in 1967 in Ljubljana. He studied linguistics and cultural studies at the University of Ljubljana. Besides poetry, he also writes radio plays, children's literature and translates from English, French, Serbian and Croatian. He has published seven books of poetry to date: *Tamariša* (Tamarisk) (1991), *Bizantinske rože* (The Roses of Byzantium) (1994), *Hiša iz besed* (House Made of Words) (1996), *Krogi na vodi* (Circles on Water) (2000), *Vprašanja o poti* (Questions About the Path) (2001), *Meja* (Border) (2002) and *Prostor zate* (A Space for You) (2006), and has received many awards, including the two most eminent ones, the Jenko Prize and the Prešeren Foundation Award. In 1998 he won the Vilenica Crystal Award. His poetry has been translated widely into many European languages.

OČE

To noč
sem sanjal o tebi,
oče.
V podobi jelena
si prišel v moje
sanje
in se ustopil vrh
travnatega
griča.

Poklical sem te
po imenu,
oče.
Poklical sem te
z besedo: oče.
Rekel sem:

Glej,
moji očesi sta
dva mokra cvetova
ob gorskem
potoku.
Pridi
in tvoj topli
jelenji jezik
naj osuši roso,
ki je padla
na moje
oči.

Ti pa si stal
kot v nekem drugem
svetu,
kot v nekih drugih
sanjah,
vrh griča,
poraslega s travo.

FATHER

Last night
I dreamt about you,
father.
You came
into my dream
as a deer
and stood astride
a grassy
mound.

I called you
by your name,
father.
I called you
by the word: father
I said:

Look,
my eyes are
two wet flowers
by the mountain
stream.
Come,
let your warm
deer tongue
dry the dew
that fell upon
my eyes.

And you stood
as in another
world,
as in another
dream,
astride a mound
overgrown with grass.

Otresel si s svojim
mogočnim
rogovjem
in izginil v belem
oblaku
nikogaršnjih
sanj.

Marezige, 12. januar 1990

VEČERNI KLEPET

Včasih, ko mi je dolgčas,
se pogovarjam z Bogom.
Pregledujeva vzorce v linoleju,
njihovo ritmično ponavljanje
na kuhinjskih tleh.

Iz teh lis, rečem,
lahko razbereš medveda,
iz teh mačko,
in če odmisliš klobuk
pri tem smešnem možaku,
dobiš levjo glavo.

Okorno ponavlja za mano:
Medved, mačka...
Vedno znova začuden,
ko enak lik najde ob kredenci
ali pod oknom.

Vidiš to črto,
ki prepolavlja pod?
Koliko neskladnosti vnaša v podobe.
Tu bi lahko bil bizon,
a se je izcimil le pohabljen
konjski hrbet.

You shook your
mighty
antlers
and vanished in the white
cloud
of no one's
dreams.

Marezige, 12 January, 1990

AN EVENING CHAT

Sometimes, when I'm bored,
I talk with God.
Together we examine patterns in the linoleum,
their rhythmic design
on the kitchen floor.

In these shapes, I say,
you can see a bear,
and in these a kitten,
and if you ignore the cap on this funny guy
you get the head of a lion.

Awkwardly he repeats after me:
a bear, a cat …
always amazed when he finds
the same shape next to the sideboard
and under the window.

Do you see this line
which cuts the floor in two?
What disharmony it brings to the images.
This one could be a bison,
but it's only the deformed
back of a horse.

Bizon, konjski hrbet...
Črkuje kot otrok ob prvem berilu,
zgrožen nad črno razpoko,
ki prepolavlja kuhinjska tla.

Kažem naprej, proti vratom na hodnik,
kjer se pričnejo predeli pošasti,
fantastičnih bitij brez glav,
grozljivih spak brez teles.
Počasi ga izrivam ven,
ker je že pozno in bi rad spal.

A ko ponoči vstanem,
da bi popil kozarec vode,
še vedno stoji na pragu,
zazrt v tenko raz,
ki teče od zida proti oknu,
kot nekdo,
ki se je izgubil v tujem mestu
in ne zna jezika,
da bi vprašal za pot.

Marezige, 29. oktober 1990

BREZDOMNI PESNIK PIŠE SVOJI LJUBICI

Zgradil nama bom hišo iz besed.
Samostalniki bodo opeke
in glagoli bodo polkna.

S pridevniki si bova okrasila
okenske police
kot z rožami.

Čisto tiha bova ležala pod baldahinom
najine ljubezni.
Čisto tiha.

Prelepa in prekrhka bo najina hiša,
da bi jo ogrozila
z inflacijo besed.

A bison, horse's back …
he spells like a child at his primer,
enraged over the black crack
that cuts the kitchen floor in two.

I point toward the door to the hall
where the monster zone begins,
fantastic beasts without heads,
horrible freaks without bodies.
Slowly I nudge him out,
after all, it's late and I'd like to sleep.

But when I get up at night
for a glass of water,
he's still standing in the doorway,
staring into a thin line
running from the wall to the window,
like someone who is lost in a foreign city,
and doesn't know
the language to ask the way.

Marezige, 29 October, 1990

HOMELESS POET WRITING TO HIS LOVE

I'll build for us a house made of words.
Nouns will be the bricks
and verbs will be the shutters.

With adjectives we'll adorn
the window sills,
as with flowers.

In perfect silence we'll lie
under the canopy of our love.
Perfect silence.

Our house will be so beautiful and so delicate
no inflation of words
will endanger it.

In če bova spregovorila,
bova imenovala predmete,
vidne le najinim očem.

Ker vsak glagol
bi lahko zamajal temelje
in jih razrušil.

Zato, pst, mon amour,
pst, pour le beau demain
à notre maison.

Marezige, 1991

SINEADIN GLAS

Sineadin glas pada vame
in me oplaja kot duh devico Marijo.

"Včasih moram poslušati...,
da je bilo mojega gibanja konec
pred puškami strelskega voda
leta 1916," je zapisal Yeats.

Več kot pol stoletja kasneje
sem v nekem dokumentarcu videl Ben Bulben
in pod njim pesnikov grob,
obdan z avreolo večera.

Še vedno iz strahu pred lastnim koncem
napovedujem konec sveta.
Še vedno me plaši življenje.
Še vedno moj konj nemirno rezgeče v hlevu.

Na drugi strani tehtnice
je vokal Sinead O'Connor,
dišeč kot mošus,
kot ambra,
v kateri je za vedno shranjen
kitov smrtni krik.

And if we speak,
we'll name only things
we can see with our eyes.

Because any verb
could shake the foundation,
could demolish it.

Therefore, hush, *mon amour*,
hush, *pour le beau demain*
à notre maison.

Marezige, 1991

SINÉAD'S VOICE

Sinéad's voice falls into me, impregnates me
as the Holy Spirit did the Virgin Mary.

"Sometimes I am told in commendation…
that my movement perished
under the firing squads
of 1916," wrote Yeats.

Over half a century later,
in a documentary, I see Ben Bulben,
and at its foot, the poet's grave
encircled by evening's halo.

Still afraid of my own end
I announce the end of the world.
Still, I am scared by life.
Still, my restless horse neighs in its stable.

The other side of the balance
holds the voice of Sinéad O'Connor,
perfumed like musk,
like amber
forever preserving
the whale's death shriek.

V Sineadinem glasu vedno odmeva
mirni Yeatsov odhod.

Zdaj pada vame in me oplaja
kot luč pozabljenega
poganskega boga.

Marezige, 1991

ANGEL PIERA DELLA FRANCESCA

Ni več prinašalec
luči.

Sam je postal predmet
igre
svetlobe
in senc.

Ujet v zakonitosti
snovnega sveta
kleči kot nekdo,
ki prosi odpuščanja.

Če bi vstal,
bi se mu najbrž
rahlo zvrtelo
v glavi.

Obleka se mu guba
v pasu,
prepasanem z vrvjo,
in ob kolenih.

Krila so težka,
skoraj mesnata.

Kot da se sramuje
padca
v območje čutnosti
in arhitekture,

Sinéad's voice forever echoes
Yeats' peaceful leave-taking.

Now it falls into me, impregnates me
like the light of a forgotten
pagan god.

Marezige, 1991

PIERO DELLA FRANCESCA'S ANGEL

He is no longer the bringer
of light.

He himself has become the object
of the play
of light
and shadow.

Caught within the laws
of the material world,
he kneels like someone
asking forgiveness.

Getting up
would probably
make him a little
dizzy.

Girded with a rope,
his robe gathers in folds
around his waist
and around his knees.

His wings are heavy,
almost fleshy.

As though he were ashamed
of his fall
into the realm of sensation
and architecture,

trdno klečeč
na mrzlem marmorju
skriva obraz
v senci.

Lavrica, september/oktober 1992

BRANJE OCTAVIA PAZA

Nocoj plujem po vseh svojih rekah, nošen s tokom
govorice, plujem, ko govorim, govorim, ko plujem...

... reke, lesketave kot otroški smeh, staccato brzic, hitri
zdrsi prek kaskad, zanosno padanje prek slapov, delci
vode in v vsakem sonce in končno pena, mehurji zraka, ki me
oblivajo kot velikanski jakuzi...

... reka, veliki rjavi bog, me nosi kot speče bruno skozi
visoko poletje, brenčanje žuželk, plujem, ko govorim,
govorim, ko plujem, vidim: sinje nebo, oblaki in ribe plavajo
čezenj, raki se skrivajo v krošnjah dreves, v zeleni eksploziji
joie de vivre, jata mladic prhne iz njih kot preplašene prepelice...

... vidim: pravilni Narcisov obraz, težke kvadre florentinskih
zgradb, loke mostov, prek katerih tečejo verzi o minevanju
(Apollinaire) in verzi pesnitve, ki jo berem...

...vidim sebe v menjavi letnih časov in svojo ljubezen,
žalostno kot vrba, ki se sklanja nadme, ki sem reka, ki plujem
skozi zimo, skozi mesto *de la Tour Unique du Grand Gibet et
de la Roue*...

... reka sem, odsotno sprejmem nesrečnega ljubimca,
vélikega pesnika in nisem žalosten, ko se obarvam s krvjo, in
nisem vesel, ko se topijo ledeniki, ko se dvigam v nebo, ne
prizadeneta me niti jez niti nasip...

he kneels steadily
on the cold marble floor,
keeping his face
in shadow.

Lavrica, September/October 1992

READING OCTAVIO PAZ

Tonight I am sailing down all my rivers, borne by the stream
of words, I sail as I speak, I speak as I sail...

... rivers, glittering like a child's laughter, the staccato of rapids, the fast
chutes over cascades, rapturous drops down waterfalls, beads
of water, the sun in each one, and finally the foam, bubbles of air engulf-
ing me like a great jacuzzi...

... the river, big brown god, carries me like a slumberous bough through
the height of summer, the buzzing of insects, I sail as I speak,
I speak as I sail, I can see: the blue sky, clouds and fish swimming
across, crabs hiding in treetops, in the green explosion of
joie de vivre, a flock of fry takes wing like startled quails...

... I can see: Narcissus' perfect countenance, heavy blocks of Florentine
masonry, arcs of bridges crossed by poetry of transience (Apollinaire)
and by the lines of an epic I am reading...

... I can see myself in the turning of the seasons, and my love,
sad as a willow, bowing over me, a river, sailing
through winter, through the city *de la Tour Unique du grand Gibet et
de la Roue*...

... I am a river, absent-mindedly receiving an unhappy lover,
a great poet, and I am not sad when I am stained with blood, and
I am not happy when ice sheets thin away, when I soar into the sky, neither
the dam nor the dyke can touch me...

… reka, temno božanstvo onkraj prepletajočega se
barjanskega zelenja, brezčutno blatno božanstvo, moja usta te
imenujejo Amazonka, ti rečejo Nil, Misisipi, moje oči
postavljajo ob tebi skrivnostna mesta (Eldorado), jaz
te delam za Okinavo…

… mladeniča, lepa kot Hijacint, drgetajoča v rosnem jutru,
zreta vate, izgubljena v sebi, zreta vate, lepa kot Hijacint,
a ti se niti ne ozreš nanju…

Nocoj plujem po vseh svojih rekah, zvezde, zvezde
globoko pod mano, nocoj plujem po sebi, plujem, ko govorim,
govorim, ko plujem, plujem po sebi, razmnoženem v neštete
tokove, potok sem, ob katerem brusim nož, divja deklica se
umije v meni po hitrem ljubljenju na produ, moja ljubezen
sega vame in mi reče Kolpa in mi reče Rokava in mi reče
"hladiš, odstiraš pot" in mi reče, ti si led, led, led…

… govorim in govorjen sem, plujem in plut sem, resničen
sem in privid sem, voda sem, ki me obliva, plavalec sem, ki
ostro reže enakomerni tok, počasni hod reke proti morju,
morje sem, ki je reka vseh rek, nebo sem, ki je morje morja…

Ljubljana, poletje 1998:
Na vrtu predmestne krčme berem Octavia Paza, sivi čaplji se
kot dobra zmaja spreletavata v prosojnem večeru…

… enakomerni brum Ljubljanice ob zapornicah, svetlobno
telo reke, veliko sonce ugaša v njej…

… poberem za otroško pest velik kamen izpod nog in ga
vržem prek ograje v vodo…

… ne beri me kot zgodbo, beri me kot koncentrične kroge
na vodi…

Fužine, 16. avgust 1998

... the river, the dark deity from beyond the swampy,
tangled greenery, callous mired deity, my mouth
has a name for you – the Amazon, it calls you the Nile, the Mississippi,
                                                                    my eyes
erect secret cities at your side (Eldorado), I
turn you into Okinawa...

　　... two youths, as beautiful as Hyacinthus, atremble in the dewy
                                                                    morning,
gazing at you, lost in themselves, gazing at you, as beautiful as Hyacinthus,
and you, you don't even spare them a glance...

　　Tonight I am sailing down all my rivers, stars, stars
in the depths below me, tonight I am sailing through myself, I sail as I speak,
I speak as I sail, I sail through myself multiplied into countless
currents, I am a stream against which I sharpen a knife, a wild girl,
hastily making love upon the gravel, cleanses herself in me, my love
reaches into me and tells me River Kolpa and tells me River Rokava
                                                                    and tells me
you cool and rinse the sweat and tells me, you are ice, ice, ice...

　　... I speak and am spoken, I sail and am sailed, I am real
and an illusion, I am water flooding over myself, I am a swimmer
cutting sharply across the constant currents, the river's slow amble
                                                                    towards the sea,
I am the sea, which is the river of all rivers, I am the sky, which is the sea
                                                                    of all seas...

　　Ljubljana, summer 1998:
In the garden of a neighbourhood pub I am reading Octavio Paz, two
grey herons flitting to and fro like fine kites beneath a translucent
evening sky...

　　... the constant roaring of the Ljubljanica by the railings, the river's
body of light, and in it the big setting sun...

　　... from beneath my feet I pick up a stone the size of a child's fist and
fling it over the fence into the water...

　　... don't read me like a story, read me like concentric circles
on the water...

Fužine, 16 August 1998

SEKIRA V GRČI

Oče, čas je, da se srečava v budnosti.
Ti ves iz spominov in pepela. Jaz...

Z lahkoto me boš prepoznal.
Nosim tvoje oči, tvojo brado, tvojo usodo,
zapisano v koži.

Oče, čas je, da priznava obstoj sekire,
zadrte v grčo.

Ne prosim te za čudež.
Ne prosim te, da bi izruval rezilo.
Pristajam na to,
da bo najino ognjišče za zmerom mrzlo.

Prosim te za preprosto priznanje:
nisva spoštovala zakonov rasti.

In sprejmem izgovor:
mraz je bil,
zato je toporišče vztrepetalo med prsti.

Oče, to je vse, za kar prosim.

Vem, zmerom si govoril,
da so ptice le gostje dreves.
Da veter prebira liste le sebi.
A jaz ne morem drugače.

Kako naj svojo vitko mladost
vržem na ogenj spomina,
če v njej tiči neizrečeno jeklo?

Priznajva njegov obstoj, oče.
Da bo tebi smrt lažja
in meni življenje manj utrudljivo.

Fužine, 20. avgust 1998

HATCHET IN A KNOT

Father, it is time for us to meet fully awake.
You, entirely of memories and ashes. I…

You will recognize me easily.
I bear your eyes, your chin, your destiny
written in my skin.

Father, it is time for us to admit the presence of a hatchet,
driven into a knot.

I'm not asking you for a miracle.
I'm not asking you to tug on the blade.
I agree to the fact
that our hearth will be forever cold.

I am asking you simply to admit:
we did not obey the laws of growth.

And I accept the excuse:
it was cold,
which is why the handle shivered in our grip.

Father, that is all I ask for.

I know you have always said
that birds are merely the trees' visitors.
That the wind sifts the leaves only for itself.
But I cannot be otherwise.

How can I throw my slender youth
into the fire of memory
if unacknowledged steel is lurking in it?

Let us admit its presence, Father.
So death will be easier for you
and life less of a burden for me.

Fužine, 20 August, 1998

FUŽINSKI TRGI

so oaze tihote, oaze miru,
ko noč na vzhodu bledi.

Fužinski trgi so bledi cvetovi
pod prvim jutranjim svitom.

Fužinski trgi so samotne poti
zgodnjih delavcev in poznih ljubimcev.

Fužinski trgi so naglica odhoda
in počasni, morda skrivni prihod.

Prek fužinskih trgov veje
blag veter z oddaljenih Alp

in prebira odpadle liste časopisov.

Fužine, 14. julij 1999

PREMISLEK

Če dobro pomislim, nisem bil nikoli
otrok narave. Primerjal sem kačje pastirje
s helikopterji in ostro plavut morskega
psa s periskopom. Če dobro pomislim,

sta bila zame kavboj in Indijanec
iz vesterna, če že ne resničnejša,
vsekakor pomembnejša od kmetov,
ki so vozili mleko v vaško zadrugo –

vsako jutro ob isti uri in po isti poti
mimo naše hiše. Če dobro pomislim,
je bil ogled risanke ob sedmih zvečer
neštetokrat razburljivejši dogodek

od še tako divje nevihte, ki se je
razbesnela nad Morostom. Če dobro
pomislim, je bil zame leta edini pravi
sončni zahod tisti v črno-beli tehniki.

Fužine, 14. julij 1999

THE SQUARES OF FUŽINE

are oases of silence, oases of peace,
as the night pales in the east.

The squares of Fužine – pale flowers
under the first light of dawn.

The squares of Fužine – solitary paths
of early workers and late-night lovers.

The squares of Fužine – the rush of leaving
and the slow, maybe secret, arrival.

Across the squares of Fužine blows
a mild wind from the faraway Alps,

sifting through the leaves of fallen newspapers.

Fužine, 14 July 1999

ON SECOND THOUGHTS

On second thoughts, I was never
a child of nature. I imagined dragonflies
were helicopters and a shark's sharp fin
was a periscope. On second thoughts,

the cowboys and Indians of westerns
were maybe not more real,
but way more important than the farmers
who took milk to the local co-op

every morning at the same time, along the same route
past our house. On second thoughts,
the seven o'clock cartoon was
a hundred times more exciting

than any storm, no matter how wild,
breaking out over Morost. On second
thoughts, for years the only real sunset
was in black and white.

Fužine, 14 July 1999

MOČ ZAPISA

Ko čakaš avtobus, najprej pripeljejo vse druge
številke, nekatere celo po večkrat, in šele potem,
čisto nazadnje, tvoja. Ni res, da je zmerom tako.
A dovolj pogosto je, da skepticizem popusti in že
študiraš ekliptike sonca, lune in planetov, vržeš
karte, poskušaš razbrati v medli svetlobi ulične
svetilke vse podrobnosti, vse kot las tenke črte,
ki se ti vejajo iz črte življenja.

Vzdrhtim. Ni res, da v letih, ko nisem pisal pesmi,
nisem pesnil. V mislih sem sestavljal verze, zdaj
v prozi, zdaj spet v metru, verze, vse krajše, vse
bolj ogoljene, neprozorne, vse temnejše, vse bolj
spominjajoče na uroke črne magije. Večino sem jih
sproti ali vsaj v nekaj dneh pozabil, nekateri pa
so se mi zadrli v možgane, mi vse bolj pritiskali
na misli in mi narekovali vedenje. Nič posebnega,
le to, kako naj si zavežem čevlje, zazeham, kako
naj se popraskam po čelu, kako naj držim dlan,
ko se rokujem, kako naj prekrižam noge. Nič posebnega.
A vsakič znova sem v svojih kretnjah ugledal tujca,
divjaka, nerodnega šamana, ki je uročil samega sebe.

Nekega dne sem zbral še zadnje moči. Zapisal sem
s konico čevlja v sneg, bel kot papir, svoje ime in
pregnal demona praznoverja.

Lavrica, 7. december 1999

MOROST, SPOMLADI

Mleko megle razlito po Morostu. Temni
hrbet Krima. In nad njim, kot aristotelsko
pravilen oblak, Luna, skoz katero preseva
modrina. Jutro. Čistimo si od spanja zlepljene
oči, drhtimo v spomladanskem hladu. Nismo
še do konca zbujeni. Kosi sanj, naplavljeni
v budnost, se stapljajo s prameni meglic.
Trenutek je, ko še nihče ne more z gotovostjo
reči, ali smo res živi. Kdo je ta, ki leži ob
meni? Ali je človek ali duh? Spalna vreča

WRITING IT DOWN

When you wait for your bus, all the others
come first, some more than once, before yours,
always the last. It isn't true that it's always like this,
but it's often enough that your scepticism fades and before you know it,
you're studying the ecliptics of the sun, the moon and the planets; you cast
the cards; you're trying to trace, in the dim light of a streetlamp,
the uncountable hair-thin lines
branching out from your lifeline.

I tremble – it isn't true that in the years I wasn't writing poems
I wasn't making poetry. I composed them in my head, some
in prose, some in meter, verses, each one shorter, each
more stripped, opaque, ever darker, ever closer
to the spells of black magic. I forgot
most of them right away, or within a few days, but some
got nailed into my brain, pressing harder and harder
on my thoughts, directing my actions. Nothing special –
just the way I lace my shoes, yawn, how I
should scratch my forehead, turn my palm
when shaking hands, how I should cross my legs. Nothing
special. But in each gesture, I saw again a stranger,
a savage, a clumsy shaman who had cast a spell upon himself.

One day I muster the last ounce of my strength. I write
with the tip of my shoe, in the snow, white as paper, my name.
Drive out the demon of superstition.

Lavrica, 7 December 1999

MOROST, IN SPRING

Fog's milk spills over the marshes of Morost. The dark
back of Mt. Krim. Above it, like an Aristotelian
cloud, the moon, with the blue
shining through it. Morning. We rinse our sleep-stuck eyes,
we shiver in the spring chill, not yet
fully awake. Pieces of dreams, drifting
toward wakefulness, merge with tufts of mist.
A moment in which we can't be sure
whether we are truly alive. Who is it that lies
next to me? Person or spirit? My sleeping bag

je mokra od rose. Drva so vlažna. Zakuriti
ogenj, si z ostrim plamenom izrezati dostop
do neba, prepoznati vsakdanjost. Šok. Travna
bilka, komaj rojena v mojem pogledu, se
nenadoma razrase v šope trav. Kamorkoli se
ozrem: trava, trava, trava. Nekdo že kuri.
Slišim otožno ječanje polen. Nekdo je ukazal
megli, naj se razkadi. Visoko nad mano, visoko
nad Morostom: sinjina. Nekje v meni: sovpadejo
sklepi in napnejo se razbolele mišice. Treba
bo *vstat. Sprejet* svet za svoj. *It* naprej.

Lavrica, 22. april 2000

Morost (iz fr. 'marais') domačijsko ime za Ljubljansko barje
Krim: višji hrib na obrobju Ljubljanskega barja

VERZI

Celodnevni potep po mestu, druženje z golobi.
Na plavem nebu se vse bolj čipkata črti reaktivcev.
V praznini računalniškega ekrana se vrti
barvast cvet – roža čudotvorna.
Še zmerom pišem na roko, v star blok, katerega
koledar me vodi v minulo stoletje.
Nekega dne – upam, da to ne bo tako kmalu –
mi bo kdo rekel, da sem človek prejšnjega stoletja,
pesnik minulega časa.
Rahel drget: sledi avionov sta dokončno izginili.
S Primorskega je prišla burja in maje staro jablano.
Cvetje je že skoraj minilo, plodov še dolgo ne bo.
Kaj počnejo golobi? Se odpravljajo spat?
Prečrtam neustrezen verz in napišem novega:
temna silhueta Krima je bila leta in leta moj horizont.
Zdaj nad njo plava oblak, škrlaten od zahajajočega sonca.
Večerna svetloba pada skoz okno, pada na te verze
in jih mehča.

Lavrica, 3. maj 2000

Primorska: predel Slovenije, ki leži ob morju

is wet with dew. The firewood is damp. To start
a fire, take a sharp flame and cut an opening
to the sky, to see the everyday world. Shock! A blade
of grass, just become visible, suddenly grows and bursts
into clumps of grass, around me, wherever I look:
grass grass grass. Somebody's already made a fire.
I hear the sad moaning of the logs. Someone
has ordered the fog to disperse. High above me, high
above Morost: azure sky. Somewhere inside, my
joints resolve and aching muscles tighten: we must
get up. Take on the world as our own. Get moving.

Lavrica, 22 April 2000

Morost (from French 'marais') is a local term for Ljubljana's marshes
Krim: one of the higher peaks on the edge of Ljubljana's marshes

LINES

A whole day's ramble around town, socializing with the pigeons.
Up in the blue sky two contrails unlace.
In the emptiness of the computer screen
a multi-coloured blossom spins – blossom of miracles.
I am still writing by hand, in an old notebook whose
calendar takes me back to the last century.
One day – I hope not too soon –
somebody will tell me that I am a man of the last century,
a poet of the past.
A slight tremble: the aeroplanes' trails have completely vanished.
From Primorska the *bora* has come and shakes the old apple tree.
The blossoming is almost over, the fruit won't come for a while yet.
What are the pigeons doing? Are they going to bed?
I cross out a badly written line and write a new one:
the dark silhouette of Mt. Krim was my horizon for years and years.
Now a cloud swims above it, scarlet from the setting sun.
The evening light falls through the window, it falls on these lines
and softens them.

Lavrica, 3 May 2000

Primorska: Slovenia's littoral

NATAŠA VELIKONJA

Translated by Ana Jelnikar & Kelly Lenox Allan

NATAŠA VELIKONJA was born in 1967 in Nova Gorica. She graduated in theoretical sociology from the Faculty of Social Sciences at the University of Ljubljana. She is the author of three poetry collections: *Abonma* (Subscription) (1994*), Zeja* (Thirst) (1999) and *Plevel* (Weeds) (2004). A lesbian activist, she has translated a number of literary works from the field of gay and lesbian theory (including such authors as Lillian Federman, Monique Wittig, Shari Benstock, Richard Goldstein, Laura Cottingham). Over the last decade she has published almost 300 articles, columns and essays in various journals in Slovenia and abroad, and since 1997 she has been the editor of the political and cultural journal *Lesbo*. She is the founder and coordinator of the Lesbian Library and Archive in Ljubljana, the city where she lives and works.

revolucija

po tem, ko sem vso noč in pravzaprav ves teden imela napade
panike. zdaj se počutim svobodno, svobodno pred iluzijami, ki
sem jih imela ta leta, da obstajajo združena fronta, solidarnost,
prihodnost ali širši krog podpornih prijateljev. veljam samo
toliko, kolikor bo nekdo pritisnil svoje ustnice na moj trebuh.

plevel

to traja že štirinajst dni. noči – čudovite. nekaj najbolj pošastnih
v življenju, recimo ta danes. prvič živim vse to skupaj in vse je
razbito, vse je razparano, nimam pojma, kaj se bo dogajalo. jaz
sem vse razparala. najprej sem samo poskusila, sinoči pa sem
potegnila do kraja. nimam potrpljenja niti za ped. nje ne poznam,
morda jo bo to odgnalo, ta viharnost. upam, da ne.

revolution

after a whole night and in fact a whole week of fits of panic. i now
feel free, free of the illusions i've had these past years that there
exists solidarity, a joined front, a future, or a larger circle of sup-
portive friends. i'm worth something only when someone wants to
press their lips against my stomach.

weed

it's been going on for fourteen days now. the nights – beautiful, and
a few of the most ghastly in my life. last night, for instance. for the
first time i have to deal with all of this at once and everything is
shattered, everything is coming unstitched, i have no clue what will
happen. i have torn it all. at first i only tried, but last night i ripped it
completely apart. i am not patient, not one bit. i don't know her, this
could drive her away, this volatility of mine. i hope not.

ko bi mi kdo povedal, kaj je prav in kaj ne. vse vlečem iz svoje
glave. ura je štiri zjutraj, pridem s taksijem na *metelkovo* in takoj
začne tulit alarm v prvem nadstropju. nadalje: nimam drobiža za
kavo iz avtomata. no, zdaj sem ga našla tu v predalu, pa se bojim
nazaj dol, da se ne bo spet sprožil. morda pa iz take žalosti nastanejo
najlepše pesmi. prav nič me ne podpre, ko mi je težko.
niente. tudi takrat ne, ko sem bežala v *turista*, tudi takrat ni
prišla. morda je prezgodaj za globoke korenine. no, jaz sem jih že
povlekla do središča zemlje. jaz se takoj vsadim, kot plevel.

ničesar ne morem početi počasi in premišljeno. nimam pojma,
kaj bo z mano. poskušala se bom postaviti na noge. najti si moram
stanovanje, sobo, nekaj. ampak zdaj bi morala pisati *terminal* za
četrtek. morala bi pisati, ampak mene muči samo to, če bo ostala z mano.

if someone would tell me what's right and what isn't. i'm digging it
all out of my head. it's four in the morning, i come by taxi to the
metelkova and right away the first floor alarm goes off. then i have
no change for the coffee machine. now i've found it here in the
drawer, but i'm afraid to go back down in case it goes off again. it's
from this kind of sadness perhaps the most beautiful poems
emerge. she gives me no support when i'm down. *niente.* not even
that time when i ran off to the *hotel turist*, she didn't come even
then. maybe it's too soon for deep roots. well i've already sunk
them to the centre of the earth. i always plant myself immediately,
like a weed.

i can't do anything slowly, deliberately. i've got no clue what'll happen
to me. i'll try to get back on my feet. i need to find myself a flat, a room,
something. but right now i should be writing *terminal* for thursday. i
should be writing, but i'm tortured by one thought: will she stay with me.

zdi se, da sem bila v zadnjih letih v omami. pisala ko avtomat.
verjetno sem bila malo naivna. zadeva se končuje tako, da sem
prej malo zaspala na fotelju V *knjižnici*, okrog pol sedmih se je
začelo daniti in tule spodaj se delavci rokujejo in prihajajo na delo.

ko sem imela osemnajst let, še nisem vedela, da bom potem
sedemnajst let pisala kot kreten. po moje imajo vsi ti delavci
spodaj stanovanja ali pa so begunci ali pa drugače brez vsega.

it seems these last years i've been in a stupor. writing like a
machine. i was probably a bit naive. it's coming to an end, with me
having just fallen asleep on the sofa in *the library*, around half past
six the day begins and down below workers are shaking hands and
coming to work.

when i turned eighteen i didn't know that for the next seventeen
years i'd be writing like a maniac. if you ask me all those workers
below have flats, or are refugees, or else have nothing at all.

če bi ostala z mano. potem imam vso milino, ki jo vidim, ko mi poje.
kaj je še tam. še vedno ne morem verjeti, da sem bila z njo. koliko
let sem jo gledala, se ji izogibala, jo spuščala mimo in jo včasih
tudi nagnala stran od strahu in ta strah je zdaj tu, to jutro, ko sem
povsem sama, ko me bo velik beli svet verjetno zdrobil kot zadnjo
golazen.

jaz nimam nobene perspektive in nobenega veznega tkiva ni,
nihče ne ve zame. živim predcivilizacijsko, izgubljeno življenje.

if she stays with me. then i'll have all that grace i see when she sings to me. what else is there. i still can't believe that i was with her. how many years i watched her, avoided her, let her go past me and sometimes even turned her away out of fear and this fear is here now, this morning, when i'm totally alone, when the big white world is ready to crush me like the last rat.

i have no prospects and there's no connective tissue, no one knows i exist. I lead a pre-civilised, lost life.

bom se že zvlekla. bom že še srečna. sem ji pisala mejl, *pridi*, in
ne pride. ko da bi to pisala vsak dan. ne bom mogla pisati
ljubezenskih pesmi. še vedno sem se zvlekla. upam, da se zdaj ne bom.

sem vedela že pred tremi leti, da to ne bo v redu. ne morem živeti v
stanovanju nekoga drugega, takoj pričnem plitko dihat. vse so se
zapile do smrti, nikdar ni bilo neke večje sreče. ampak vse so živele
po nekih večjih mestih, new york, london, berlin, tam imaš lukenj,
kolikor hočeš. djuna je najprej pila, potem ne več, potem je samo
še renčala. crisp je cele dneve ležal na postelji. tega v ljubljani ne
moreš, ker v ljubljani imaš samo stanovanja, polna rjavega pohištva
za srednji sloj, jaz pa sem divjak.

i'll pull through. i'll be happy yet. i texted her, *come*, and she didn't come. as if i wrote that every day. i won't be able to write love poems. i've always pulled through. i hope this time i don't.

i knew three years ago it wasn't going to work. i can't live in someone else's flat, straight away my breathing gets shallow. all of them drank themselves to death, there's never been some greater happiness. mind you, all of them lived in larger cities, new york, london, berlin, you've got holes there, as many as you like. djuna drank first, then stopped, then she only growled. crisp spent entire days lying on his bed. in ljubljana you can't do that, because in ljubljana you only have flats full of brown furniture for the middle class, and i am a savage.

kaj delamo. kot psi krožimo naokrog. včasih si mislim, da je kdo
angel. nikdar mi ne bo uspelo. rimljani so pojedli metuljeva krila.
potem pa je še bojna opcija: zdaj sva svet in jaz in to je ta fronta
in če me zdrobi, potem z mano itak ni nič. jaz sem v tem čisto
napeta in čisto zbrana, čisto osebno to jemljem, črna, nemirna,
malo podivjana, lezbijka, visoka in suha, še vedno se precej
lažem in malo sem destruktivna. v glavi imam podobo pesnika
morrisona, gol do pasu, s prostimi lasmi in kovinskim pasom
se vrti okrog svoje osi. to je moja kulturna fantazija. ampak moram
se povrniti še dlje nazaj, v oddaljeno stanje samotne očaranosti,
sedim na delavskem avtobusu in se vozim na srednješolsko prakso
mimo jutranjih topolov in zgodnjih tovarniških luči.

koliko let sem jo gledala. koliko let sem gledala v ta njen lep obraz.
zadnjič mi je očitala, da se nisem javljala na klice. kaj bi bilo.
to, kar je zdaj. jaz sem na zajebani *metelkovi* in čakam časopis,
da pokličem oglase za stanovanja in sobe. ona se je ukinila,
ne javi se več, varna pod toplo odejo pravi, naj je ne vlečem v te
zgodbe.

what are we doing. like dogs, roaming. occasionally i think a person is an angel. i'll never make it. the romans, they ate butterfly wings. then there's the combat option: now it's the world and me and this is the front, and if it crushes me, then i'm no good anyway. in this i'm totally tense and totally together, i take this totally personally, dark, restless, a little wild, lesbian, tall and skinny, i'm still in the habit of telling lies and i'm a little destructive. in my head i've got an image of the poet morrison, naked down to his waist, with his hair loose and a metal belt buckle, spinning on his axis. this is my cultural fantasy. but i've got to go back even further, to a faraway moment of lonely fascination, i'm on the bus, going for work experience, past morning poplars and early factory lights.

how many years i watched her. how many years i watched that lovely face of hers. the other day she had a go at me, said i didn't pick up her calls. what would've been. that which is now. i'm at the bloody *metelkova*, waiting for the newspaper, so i can call up ads for flats and rooms. she's unplugged herself, isn't making contact, safe under a warm blanket she says i shouldn't drag her into these stories.

pozdrav iz zadnje klopi

vladarica sveta sem. zdaj sem jaz tu. zdaj jaz poslušam ta nočna
vozila, ki kidajo sneg in perejo tla, zdaj jaz slišim to mularijo, ki
se potika po praznih nočnih ulicah in se zaenkrat tej praznini še
smeje. vse vidim jasno pred sabo: vse stare tenke homoseksualke
bomo poginile. lahko si še tako govorim, da je treba biti hitra, da
sem hitra, da me nihče ne dohiti, ampak na dolgi rok bomo vse
poginile. jaz se zlagoma že umikam in pospravljam police in knjige.

najprej sem mislila, da bom v kopalnici in bom dala računalnik
na pralni stroj. to bi me najbolj zamotilo do jutra. pravzaprav
sem prišla sem, da si dobim prijatelje. v gorici vidiš vse do
osemnajstega leta. prišla sem sem, da bi opisovala dogodke in potem
dobila status brez problema. več dogodkov, prej dobiš status. kaj
naj opišem. je visenje na šanku v *monoklu* dogodek? jaz vedno
pridem tja, ko lezbijke še samo slonijo na šanku in nič ne govorijo.
potem, ko so že malo pijane in je že preveč glasno, moram
iti. ko sem finančno sposobna, plačujem račune tri dni pred
zadnjim rokom, si kupujem francosko solato in rožo za kuhinjo s
tepihom. nocoj pride semkaj tanja, naj bi kadili in pili *merlot*, ki
mi ga je prinesla ob odselitvi. poslušam muziko mitarja subotića.
vsi tisti agenti in stanodajalci mi trgajo potrpežljivost. zakaj
drugim takoj odpiše, meni pa ne? samo enkrat v vsem tem času
sem jo videla, da nekomu ni odpisala; rekla je, *ma kaj se to mene
tiče*, in odložila telefon.

greetings from the back of the class

i am the queen of the world. i am the one here now. now i'm
listening to these night trucks, shovelling away snow and cleaning
the streets, now i'm hearing these kids, roaming the empty night
streets and for now, still laughing at the emptiness. i see what's
ahead of me: all the skinny old lesbians will perish. i can go on all i
want telling myself that i need to be fast, that i am fast, that no one
can catch up with me, but in the long run we will all perish. i am
backing off already, bit by bit, clearing off shelves and books.

first i thought i'd go into the bathroom and set my computer on the
washing machine. that would the best way to pass the time till
morning. in actual fact i've come here to make friends. in gorica
you've seen it all by eighteen. i've come here so i could describe
events and have no problem qualifying for artists' benefits. the
more events, the sooner you qualify. what should i write. is hanging
on the bar in the *monokel* an event? i always get there when the
lesbians are leaning on the bar, not saying anything. then, by the
time they're a little drunk and it's got too loud i have to go. when
i'm capable, i pay my bills three days before they're due, i buy
myself a french salad and a plant for the carpeted kitchen. tonight
tanja is coming over, we are supposed to smoke and drink the
merlot which she gave me when i moved out. i'm listening to music
by mitar subotić. all those agents and landlords are tearing my
patience apart. why does she text everyone else back straight
away, but not me? only once in all this time did i see her get a
message and not reply; she said *well what's that got to do with
me* and hung up the phone.

mislim, da je to bil film o ljubezni. vse je bilo obrnjeno na glavo:
sužnja da bodočemu gospodarju denar, da jo kupi. izrazi
čustvovanja so motorični. največja kazen ni bila smrt, temveč to,
da si spet z ljubljeno.

to so prav gotovo bili najlepši dnevi mojega življenja. pomlad,
toplo, delo sem si počasi razporedila in hodim čez mestno
trubarjevo proti *unionu* in čez trideset minut sem zmenjena. teh
trideset minut bi lahko delala karkoli, na kraju tega časa bo ona.
kje sem le bila, ko sem bila najstnica. tukaj – končno.

i think this was a film about love. everything was topsy-turvy: a woman gives a slave-owner the money to buy her. feelings are expressed mechanically. the biggest punishment isn't death, it's being reunited with your lover.

these were undoubtedly the most beautiful days of my life. spring, warm, i've gradually organised my work and i'm walking down *trubarjeva street* towards *hotel union* and i have a date in thirty minutes' time. thirty minutes in which i could be doing anything, at the end of it, she. where was i as a teenager. i am here – at last.

ko me je prvič povabila k sebi, sem šla peš vso pot, vso ulico.
recimo petinštirideset minut, ker sem hodila čisto počasi, vmes
kadila in še upočasnjevala korak. bilo je strašno mrzlo, ampak
nekje se je že čutila odjuga, sneg je bil tu in tam že moker in ni
bilo potrebno toliko pazljivosti pri hoji, kar je bilo dobro, ker
sem bila tako razmišljena, da bi gotovo padla na prvi ledeni
plošči. pravi, da si moram bolj čuvat ustnice.

skratka, toliko polagam v besede in ona mi je zadnjič prvič
napisala, *ljubim te*. prej nikoli. mislim, da rada počne povsem
običajne stvari – skupaj. recimo, skupaj bere časnik. to mi je
povedala. zadnjič sem bila pri njej in mi je skuhala črno kavo,
sebi *nescafe*, sedeli sva v kuhinji in jaz nekaj listam po časniku
in mi ga polovico izmakne in prebira. mislim, da ni nič brala v
resnici. mislim, da je ta slika bolj nek znak miru in spokojnosti.
mislim, da nimava pogojev za to, kar ji je najljubše.

when she first invited me to her place, i walked all the way, the whole street. let's say forty-five minutes, because i was walking very slowly, smoking along the way and slowing my step even more. it was freezing cold, but somehow a feeling of thaw was setting in, the snow already wet in places so I didn't have to be so careful when walking, which was good, because i was so deep in thought that i would definitely have fallen on the first icy patch. she tells me i have to look after my lips more.

anyway, i put so much value in words and the other day she wrote for the first time, *i love you*. never before. i think she likes to do perfectly ordinary things – together. for instance, read a newspaper together. this is what she told me. the other day i was at her place and she brewed black coffee for me and made instant for herself, we're sitting in the kitchen and i'm flipping through the paper and she snatches half of it from me and starts reading it. i don't think she was really reading it. i think this was more a scene of peace and tranquillity. i don't think we can create the space for what matters most to her.

včeraj so zmagale naše *sestre* in že je popolna blokada, folk se
dere po radiu, *to je pa ja strašno, to pa ja ni za nikamor.* visimo v
zraku kot pošasti. še dobro. pol noči visiva po ljubljanskih luknjah.
nick cave nima pojma, prej sem ga poslušala, *let love in.* to
ni nič proti temu, kar se dogaja. zdaj mi nekdo frontalno govori,
da so slike v *urbanih plemenih* grozne in da to ni to. na slikah so
nataša, azra, nel, srečo, miran, fotografije iz *štirke.* ko napišem o
djuni, se napoham in sestavim, če bo to mogoče, zaključeno
zgodbo o zadnjih desetih mesecih.

zbudila sem se ob petih zjutraj in potem malo brala in potem
nazaj zaspala in sanjala, da sem imela polno teraso klera in v
stanovanju mi eden brska po predalih in nato še policija in
rečem tipu, *a imate sploh nalog,* in reče, *aha,* in me odpelje na
policijsko postajo kar tule dol čez cesto. kaj si počel tam? zadnjič
sva bili skupaj v torek dopoldne. v ponedeljek je prišla zvečer,
me poklicala, in potem sva bili skupaj pri njej, dokler je ni fotr
zvlekel nazaj domov. še nikdar se ni ponoči tako stiskala k meni,
prav vtiskovala se je. jaz sem si mislila, da jo mora zebsti, ker je
bila gola do pasu, ležali sva in jaz sem jo pokrivala z njenimi
puloverji, z modrim puloverjem in opečnato majico. kar dalje se
je stiskala, čisto na miru je bila, in mislila sem, da je zaspala,
ampak potem mi je povedala, da je vse vedela, da sem kadila in
vse.

yesterday our *sestre* won and already there's a complete mental block, the masses shouting on the radio, *this can't be, what is the world coming to.* we hang in mid-air like monsters. good thing too. half the night we are hanging in ljubljana's dives. nick cave hasn't a clue, i was listening to him earlier, *let love in.* that's nothing compared to what's happening. now someone's in my face, saying that the photos in *urban tribes* are awful, going on and on. they show nataša, azra, nel, srečo, miran, photographs from *club four.* when i write about djuna, i'll get stoned and pull together our last ten months.

i woke up at five in the morning and then i read a little and then went back to sleep and dreamt that my balcony was full of preachers and in my flat one of them is rummaging through my drawers and then the police too and i say to this guy, *do you even have a warrant*, and he says, *aha*, and takes me to the police station, the one down the road. *what were you doing there.* the last time we were together was tuesday afternoon. on monday she came back in the evening, called me and then we were together at her place until her old man dragged her back home. she's never pressed up against me so much as that night, she was literally imprinting herself on me. and i thought she must be cold, because she was naked to the waist, we were lying down and i kept covering her with her pullovers, a blue one and a brick-coloured sweatshirt. she kept on pressing herself against me, she was perfectly still and i thought she had fallen asleep, but then she told me that she knew all of it, that i was smoking and everything.

dovolj mi je simbolov dvajsetega stoletja, iluzornih krepitev
duha, upanja, da je mogoče biti *mlad*, da je mogoče *sanjariti*,
kreirati. imam omejen besedni zaklad in manjka mi cel kup črnih
besed. imam same svetle besede, ki niso ustrezne. ves čas pišem,
da bi nekaj sporočila. imeti rad je lepo. *ker ti je všeč, kako pleše*
maja, ker ti je salome lepa, reče, ko jo vprašam, zakaj me ima rada.
vse ostalo je mrzel, moker dan v tem zabitem kokošjem
zloveščem mestu. morda je to center mesta. postajava malo
paranoični in opaziva vsako policijsko kiblo, sediva v *kavarni*
evropa, gledava skozi okno in praviva, *glej, spet*!

nima smisla razlagati, da je to bil še en kolektiv, od katerega sem
morala pobegniti in sicer na skrivaj, da se mi ne bi bilo treba
poslavljati in objemati, kot da bi kam sodila. v *citrusu* sem si
kupila dva ježka in tri žemlje in prišla domov. nekoč sem
prebrala margitin stavek, *če bomo živeli po hotelih, potem nismo nič*
naredili. ampak strašno je govoriti v množini. skratka, prijatelj
gre v tujino za leto dni in mi hoče oddati stanovanje za tisoč
mark mesečno. v knjižnici sem naštela šestintrideset zamudnikov
in v petek zvečer sem bila tako potrta zaradi tega in sem
ponavljala, kako je jasno, da komunizem ne bo nikdar uspel, ker
ljudje nimajo odnosa do javne lastnine in kako je kapitalizem
točno po meri ljudi in kako je točno to, kar zmorejo.

i've had enough of the symbols of the twentieth century, illusory spirit-boosters, of the hope that it is possible to be *young*, that it is possible to *dream*, to *create*. my vocabulary is limited and i'm missing a whole load of black words. i have only light words, inadequate. i write all the time so i can say something. to care for somebody is beautiful. *because you like the way maja dances, because you find salome beautiful,* she says when i ask her why she cares for me. everything else is a cold, wet day in this stupid bitchy sinister town. perhaps this is the centre of town. the two of us are becoming a little paranoid and notice every cop car, we sit in the *café evropa*, we're looking through the window, saying, *look, they're at it again!*

there's no point explaining this was just another collective that i had to run away from and had to do it in secret, so that i wouldn't need to say goodbyes and hug everyone as though i'd belonged some-where. at *citrus* i bought myself two chocolate hedgehogs and three buns and came home. i remember reading margita's line, *if we are going to live in hotels then we haven't achieved any-thing.* but it's awful to speak in the plural. anyway, my friend goes abroad for a year and wants to rent out his flat to me for a thou-sand deutschemarks a month. in the library i tallied thirty-six people with overdue books and on friday night i was so depressed because of this that i kept thinking how obvious it is that communism will never succeed because people don't respect public property and how capitalism is perfectly suited to people, it's exactly what they can manage.

zvečer po desetih smo se nakadili in se do solz smejali oddaji o *leksikonu* in tistim akademikom. nataša pravi, *pa saj ta tip je ko iz herbarija,* in tanja pravi, *ja, dva leksikona in vmes on.*

pomembno je, da je v gorici silva, v domu, ki ga je sestavila s svojim tipom v upanju na sanjsko življenje. da zdaj verjetno sedi v dnevni sobi, zajtrk je že pojedla, in bere časopis. počasi, zdaj, ko se že dani, bo dvignila rolete.

in the evening, after ten, we got stoned and were laughing at a tv programme on the lexicon and those academics – we were in tears. nataša says *this guy is like out of a herbarium*, and tanja, *yeah, two lexicons with him in between.*

it's important that silva is in gorica, in a home she put together with her guy in the hope of living out their dreams. and that now she's probably sitting in her living room, has already eaten her breakfast and is reading the paper. slowly, now, as it is getting light, she will open the blinds.

zahvala

strah imam tako globoko pod kožo, da si ne morem organizirati dneva, kot bi si želela. stalno sem pripravljena, da kdo pride, da me kdo zmoti, da kdo vdre vame. to je posledica študentskega doma. danes: zavrnjen tekst. hvala-ne-vem-komu.

a thank-you

fear is so deep under my skin that i can't organize the day the way
i'd like to. i'm constantly on guard that someone will come, that
they will disturb me, that they will invade me. this is what comes
from student housing. today: rejected text. thanks to i-don't-know-
whom.

GREGOR PODLOGAR

Translated by Ana Jelnikar & Stephen Watts

PHOTO: LUKA UMEK

GREGOR PODLOGAR was born in Ljubljana in 1974 and
graduated with a degree in philosophy from the Univer-
sity of Ljubljana. He writes literary criticism and book
reviews for Slovenian National Radio, the daily newspa-
per *Večer* (Evening), and the *Literatura* literary journal,
among others. He has published his poems in various
literary magazines in Slovenia and abroad. Aleph Press
published his first two poetry collections, *Naselitve*
(States) (1997) and *Vrtoglavica zanosa* (Joy in Ver-
tigo) (2002). In co-authorship with the poet Primož Čučnik
and the painter Žiga Kariž, an experimental book on New
York entitled *Oda na manhatnski aveniji* (Ode on Man-
hattan Avenue) came out with Sherpa Press in Slovenia
in 2003. He lives and works in Ljubljana.

DVAJSETI AVGUST

Danes je tihi ponedeljek.
Stebri megle potujejo z ljudmi slabe volje.
Stene pisarn z njimi dihajo isti zrak,
ista občutja, mislijo iste misli.

Danes sem z vsemi stvarmi kot otrok.
Še vedno pišem s svinčnikom,
še vedno divjam s kolesom,
da bi za hip ubežal življenju.

Danes razumem, da se je stoletje zaprlo
kot pokrov kanalizacije. Novice so prazne.
Ljudje niso pametnejši. Politika ne bo umrla.
Za nami ne bo ostalo ničesar, razen blebetanja.

Danes so delavci spet razkopali cesto.
Zdi se, da iščejo zlato. Velika votlina,
ki so jo izdolbli v gramoz, je podobna
vhodu v jamo iz kamene dobe. Kakšno veselje.

MAJHNE STVARI

Rad bi pisal ekološke pesmi, pa ne morem.
Plujejo proti Evropi ledene plošče,
beli medvedi mahajo v pozdrav
in sem zgrožen kot v kakšnem butastem filmu.
Grmijo temni oblaki časa,
mestnih glodalcev je vse več
in češnje letos niso dobre.

THE TWENTIETH OF AUGUST

Today is quiet Monday.
Pillars of fog wrapped round sullen folk.
Office walls breathe in the same air,
the same feelings, the same thoughts.

Today I am like a child.
I still write with a pencil,
still zoom round on my bike, still try
to get away, if only for a moment.

Today I understand the century's been slammed
like the lid of a sewer. The news is totally hollow.
People getting no wiser. Politics won't go away.
And nothing will survive us but the babble.

Today workers have been digging up the road again.
Heh! They must be searching for gold. The big hole
they've dug out in the gravel looks like
an entrance to a stone-age cave. Wow!

SMALL THINGS

I'd like to write ecological poems, but I can't.
Ice floes drifting towards Europe,
polar bears waving their goodbyes & hellos,
and I am sickened as if by some trashy film.
Dark clouds of time thunder,
backstreet rats forage, they dare to,
and this year's cherries are no good.

KORINT

Nizko potujejo oblaki. September. Menjava mesta
mi ne pove ničesar več. Ta pesem je za Korint.
Vsaj štiri odvisnosti. Če bi vsaj zamenjal Rim za Atene.
Ko bi zmogel. Ko bo noč, bomo že pozabili. Do takrat pa
televizija namesto ognjišča, digitalne razglednice nasilja
namesto prežanja za divjimi zvermi, naslanjači namesto skal.

VISOKO JEZDIJO ULICE

sonči žarki so razparali trebuhe oblakov
dež je ponehal turisti izmučeni moja mala
mašinca v možganih deluje v taktu
velikega imperija nekaj je z u n a j
tam kjer se začne *drugo* življenje brez odmeva
izkopanin svet okoli mene se je razprl kot pomlad
v osrednjem delu stare celine kartica iz Kolumbije
me je spet opozorila da obstaja še *drug* svet nisem
še zažgal tibetanskega denarja iz novega sveta ne
ne poznam habsburškega mita zakaj sprašuješ
sem petindvajseta generacija izza Karpatov
še pred sto leti so moji predniki živeli v isti sobi
skupaj s prašiči in drugimi živalmi danes pa ponosno
hodimo po ulicah in letamo v jeklenih ptičih

* * *

vsi svetovi med seboj komunicirajo včasih
zgodovina skozi okno vrže prazno steklenico
in se porežeš Tokio je poln majhnih legend
vse je preprosto ne more biti vse preprosto
nekatere stvari obdržiš zase podobe plapolajo
mogoče je v Afriki že jutro marec je
drevo meri čas v deblu poglej kje sva
oblaki tudi potem ko naju več ne bo
bežen pogled morda dotik po koži
detajl na kolažu vse zlepljeno v serijo
fotografije obrazi sveta mesta ulice

CORINTH

Clouds travelling low. September. Changing cities
doesn't change me. This poem is for Corinth.
At least four types of addiction. If I could only swap Rome for Athens.
If only I had that power. By nightfall we'll have forgotten. Until then there's
television instead of the hearth, digital postcards of violence
instead of a wild boar hunt, armchairs instead of rocks.

HIGH RIDE THE STREETS

sun rays have ripped open the clouds' bellies
the rain has stopped tourists are exhausted
the machinery in my head takes on the beat
of the great empire there's something out there
where *another* life begins without the echo
of excavations the world around me has unfolded like Spring
in the central core of the old continent a postcard from Columbia
has reminded me once more that there's *another* world I have not
yet burnt that Tibetan money from the new one I am not
familiar with the Habsburg myth and why are you asking
I am the twenty-fifth generation this side of the Carpathians
only a hundred years ago my ancestors shared their room
with pigs and other animals but today we proudly
strut the streets and take to the air in metal birds

* * *

all the worlds communicate among themselves some
how history throws an empty bottle through the window
and you cut yourself Tokyo is overflowing with mini
fictions everything is simple everything cannot be simple
some things you keep to yourself images fluttering it
may already be morning in Africa it is March
trees measure time from within their trunks look
where we are clouds even when we are no more
a brush of the eyes perhaps your touch on my skin
a detail in the collage everything glued together into
a series of photographs faces of the world cities streets

od zgoraj reliefi hiše čisto majhne
srebrna barva kril prejšnjega poletja
položni hodniki fantazem povsod ekrani
različne zgodbe ista zgradba zgodovine
vsi svetovi med seboj komunicirajo

E-POŠTA

Mogoče sem ti že pisal
Čedalje težje ločujem
med   tem
kaj sanjam kaj pišem
kaj sem mislil storiti
kaj sem storil na kateri ravni
se kaj dogaja in zdaj plošča
s fotko Davida Oistracha na naslovnici
            preskakuje
Je kaj nujnega? Kaj je novega?
Ne mislim da je res kaj
Časopise sem (spotoma) zavrgel
        predal zgodovine je zaprt
            Ljubljana
            sije sonce
            Se spomniš
frišen na biciklu v snegu je človek
            ko je mlad
Tukaj je Malevič najboljši
Tudi Joe Wenderoth
        ki ga zdaj berem
zadovoljno brunda
                        in *je* v *Wendy's*
Glasba Glasba Tišina Glasba
Tukaj je prostor razlagam
tukaj hrup   hrup
prepariran klavir
                    ropotuljica v ozadju
Raudivejev glas o glasovih mrtvih
se tihotapi skozi zvočnike na
                        ta svet
Spet sem pozen bolje bo da neham

from above the relief of a house so very very
small the silver of last summer's wings
flat corridors of fantasy screens everywhere
different stories same house of history
all the worlds communicate among themselves

E-MAIL

I may have already written to you
I find it more and more difficult to distinguish
   between   what
I dream & I write
what I intended to do
what I did on what level
things are happening and now the record
with the photo of David Oistrakh on the front
        is snagging on one spot
Anything urgent? Anything new?
I don't really think there is
so I threw out the newspapers in the end
    the drawer of history is closed shut
        Ljubljana's sun's
          shining
      Do you recall
green on a bike is a child
  of the snow
Malevich is at his best here
And Joe Wenderoth
    who I'm reading now
is humming happily
     & eats in at *Wendy's*
Music Music Silence Music
There's space here I'm explaining
noise here   noise
pre-programmed piano
      rattle in the background
Raudive's voice about voices of the dead
stealing his way through the loudspeakers into
          this world
I'm running late again it's better that I stop

Kjer koli sem še do ponedeljka
potem imam veliko dela
      ne pozabi
pošlji Mustarjevo številko GSM-a
Romuna ki ni Romun
ej pa pozdravi Cărtărescuja
     Cel svet me zabava
Včasih ljubezen ugasne
Konec ljubezni
          konec filma
In s tem ni nič narobe
Ne postavljam vprašajev
   ker jih ne najdem
Ampak se razume kajne
Ni drugih golobov v mestu
In ta film moram videt
moja ura na mobiju kaže že 12:47
verjetno pa je
               12:20
In Ljubljana sije v soncu
In ljudje so tukaj odvisni od ljudi
  vremena
        in svetlobe
   ki jo danes jem za zajtrk

LUČI BOMBAJA

Ko je nekega novembrskega jutra
Octavio Paz z ladjo prispel v Bombaj,
je jokal. Galebi so bučno skovikali.
Iz jutra je vstajal še eden sončen dan.
Topli veter je razvajal obalo ob mestu.
Tam je bil nekoč otok. Nekaj besed,
ki sta jih izmenjala pesnik in popotnik,
kasneje se je izkazalo, da je Audenov brat,
je zadostovalo za veličasten prihod v pristanišče.
Indijec poleg njiju je pomislil, spet ti Angleži.

Wherever I am, only until Monday
then I have a lot to do
                        mustn't forget
to send Mustar's cell-phone number
the Romanian who isn't Romanian
hey send hellos to Cărtărescu.
            I'm having fun with the world
Sometimes love just goes out
The end of love
                the end of that film
And there's nothing wrong with that
I'm not asking questions
        because I can't find any
But it's understood right
There are no more pigeons in town
And I have to see that film
the time on my mobile already shows 12:47
but it's more like
                                                12:20
And Ljubljana's glowing in the sun
And people here are dependent on people
        the weather
                        and light
which I'm eating today for breakfast

LIGHTS OF BOMBAY

One November morning when
Octavio Paz got to Bombay by boat,
he wept. Doves screeched loudly.
Another sunny day rising out of the morning.
Warm winds coddled the city's coastline.
There was an island there once. A few words
exchanged by the poet and the traveller,
Auden's brother, as it turned out,
ensured a glorious entry into the port.
Someone nearby thought: not the English again.

Bilo je leta 1951. Otoški imperij se je zrušil,
sovraštvo med hindujci in muslimani
je vzcvetelo kot boji v pesnitvi stare Indije.
Otroci polnoči so že shodili
in Salman Rushdie je bil star štiri leta.
Množice razjarjenih so klale nedolžne,
stotisoči so bežali v novo domovino.
Lačni so potovali za hrano, ki je ni bilo.
Sanje velike nacije, ki to nikoli ni bila,
so se počasi začele valiti. Miti so umirali
in se začeli seliti na strani neprebranih knjig.
Nehru je razmišljal o gospodarstvu,
Gandijev napis s krvjo na zidu
My life is My Message je dokončno zbledel.

Skoraj pol stoletja kasneje je moja noga
prvič odtisnila nevidni pečat v razgret
asvalt januarskega opoldneva.
Bombaj je žarel, duhovi so plapolali.
Vse je bilo popolno kot v indijskem filmu.
Nisem prestopil praga. Nisem obšel dogajanja.
Vse obvezne nemilosti so takoj postale
del moje prtljage: kulturni šok, driska,
velemestni strah, kruti zobje revščine.
Nato rahlo tipanje za prostorom,
kamor bi lahko naselil svojo podobo.
Če sploh. Preveč gostote, preveč utripa.
Nisem prestopil praga. In nikoli ga ne bom.

Zvečer sem se potiho spraševal,
zakaj me Bombaj spominja na New York,
na dotikanje umazanega neba,
na majhnega človeka, ki je izgubil dežnik
in neopazno zapravil življenje.
Malo časa je prešlo in vendar se mi zdi,
da so pretekla že leta, leta drugega življenja.
Kozmična matrica je ugašala skupaj
z mojo predstavo Indije.
Prvič sem za svojo mislijo začutil smrt.
In so se mi tresle noge. In sem pomislil,
da je za vse kriva indijska gromozanskost,

That was 1951. Empire had crumbled,
hatred between Hindus & Muslims
was burgeoning like battles in an ancient epic.
Midnight's children had found their feet
and Salman Rushdie had just turned four.
Incensed mobs slaughtered the innocent,
thousands who had fled to a new homeland.
The hungry searched for food that wasn't there.
Dreams of one nation that never was one
began to roll and tumble. Myths were dying and
started to shift to the pages of unread books.
Nehru was giving thought to the economy,
Gandhi's words writ in blood on the wall
My life is my message had finally paled.

Almost half a century later my foot
fetched its first invisible imprint in the white-
hot tarmac of a January midday.
Bombay was ablaze, spirits flaring.
Everything was perfect as in an Indian movie.
I didn't cross the line. I didn't take it all in.
All the ills and hassles of travel at once became
part of my baggage: culture shock, diarrhoea,
fear of the city, the cruel teeth of poverty.
Then the tentative groping after a small
slot where I could settle my presence.
If at all. Too congested, too frenzied.
I didn't cross the line. And never will.

At night I would ask myself quietly
why is it Bombay reminds me so of New York,
how they both brush against the sullied sky –
of someone who had lost his umbrella
and, before he knew it, his life was wasted.
Little time had passed, and yet many years
seemed to have gone by, years from another life.
The cosmic matrix was dying out
with my vision of India.
For the first time I felt death behind my thoughts.
And my legs shook. And then I thought:
India's enormity was to blame,

njena nerazdružljivost s kozmosom,
z naravo in človekom,

ki valovi v krogotoku dharme,
izenačen z vsem živim in umrlim.

Obstopil me je čuden mraz,
čeprav je tukaj za nas vedno toplo.
Evropska patetika je tonila
v globino neke indijske noči.
Mesto je odhajalo v sanje.
V daljavi so se prižgale zadnje luči,
v predmestjih so zakurili ognjišča.
Bombajev monolit je zastal.

VOJNA V BABILONU
    ... prenašajmo z vedrim duhom, kar nas je doletelo.
      Mahatma Gandhi, Pismo Ramdasu

Nikoli ni poti nazaj. Zdaj se sneg topi,
rane so odprte in tisti zunaj so ostali v temi.
Tudi ko zaprem oči, vidim dneve apokalipse.
Z nogami v zraku. Kako smešne so te pomladne noči,
kot da se ne bi upal pomisliti, da je svet res *svet*,
da bo jutri mogoče D R U G A Č E, svetlo,
nekje na drugem koncu, med templji, vetrom in svetlobo.
Tudi ko zaprem oči, vidim dneve apokalipse.
Tišina ima drugačen pomen, sneg je stopljen
in preveč razgretih glav še ne prinaša sreče,
kvečjemu bolečino. Z nogami v zraku.
Biti povsod, biti nihče in verjeti v majhne stvari,
kot da se ne bi upal pomisliti.
Tudi ko zaprem oči, vidim dneve apokalipse.

her intimacy with the cosmos,
with nature and man,

who undulates in the dharmic cycle,
at one with the living and the dead.

A peculiar chill came over me,
though here it is never really cold.
My European sentimentality sank
into the depths of an Indian night.
The city walked into a dream.
In the distance the last lights blazed,
in the suburbs fireplaces were lit,
Bombay's juggernaut came to a halt.

WAR INNA BABYLON
> ... let us bear with a serene spirit what has hit us.
> *Mahatma Gandhi, Letter to Ramdas*

There's no turning back now. Snow is melting.
There are open wounds & those outside are in the dark.
Even when I close my eyes I can see days of total war.
With legs in the air. How strange these spring nights.
As though I don't dare believe the world really is sacred.
That tomorrow it may all be D I F F E R E N T, brighter.
Somewhere on the other side among temples, wind & light
even when I close my eyes I can see days of total war.
Silence has a different meaning. Snows are melted.
Too many over-heated heads don't bring happiness.
If they bring anything, they bring pain. With legs in the air.
To be everywhere, to be nobody & to believe in small things.
As though I were too afraid even to think. And when
my eyes are closed, then I see such days of total war.

VSE

Rdeča svetloba neba je samo lepa,
so trenutki, ko preteklost nima pomena,
mogoče je svet samo eden.

ICH BIN EIN BERLINER ICH BIN EIN BERLINER

Včasih še sam ne veš kaj se je dogajalo

Sončna svetloba je razdrla ravnotežje noči

Lahko bi bil odvisen od teh malih trenutkov

Tisto malo patetike ki jo premore vsako življenje

Ko se vse skupaj neha in si opravil Lahko bi bil vprašaj na koncu

Lahko bi še malo posedel Spet bo prišla pomlad in bom mencali

Moje srce je na vzhodu Moje srce je na vzhodu

To so odkrili domačini ki so ugotovili da te listi dajejo okus

Tudi ta pesem nastaja v Berlinu in ni o Berlinu

Povej naprej pa boš isto siten kot si bil

Ko je Charlton Heston skozi filmske like govoril o rešitvi je mislil resno

Ko je Pasolini pisal filmsko poezijo je mislil resno

Ampak s tem tempom ne boš ubežal vplivu vremena

Ritem nas bo odnesel naravnost v amaterske posnetke

Ta šola se ne konča in to mestno nima konca

EVERYTHING

The red light of the sky is just beautiful.
There are moments when the past has no meaning.
Perhaps there is just one world.

ICH BIN EIN BERLINER ICH BIN EIN BERLINER

Sometimes you don't even know yourself what is going on

Sunlight collapses the night out of balance

I could come to depend on such small moments

The little bit of pathos that is part and parcel of our lives

When all is said and done It is all open to question

I could stay sat here Spring'd come & we'd still be dithering

My heart is in the East My heart is in the East

That's long been known here: these leaves give off this taste

This poem too is being written in Berlin but is not about Berlin

Tell everyone and you'll be just as freaked-out as before

When Charlton Heston acted salvation he meant it

When Pasolini wrote film poems, he meant it too

At this pace you'll not escape the mood of the weather

The rhythm will sweep us straight into amateur shots

This lesson never finishes & the city has no end

THE PEOPLE ARE ALL LIVING NEAR TO BEAUTY, PASSING BY
(Gilbert & George)

Šel sem, čez park, po mestu, do reke,
potem naprej do železniške postaje.
Poldan je, nedelja, tam nekje v decembru.
Sneg noče razdeliti letnih časov, zima se skriva.
Ljudje so v naravnem stanju, krotki kot po pogrebu.
Komaj se vidi mehko svetlobo sonca
preko grandioznih bančnih stolpnic.
Kako čudno, razburkano je v tem času,
kako razburljiv je velemestni strah,
kako daleč je domače ognjišče, toplina.

Iz walkmana prihaja podivjan nemški hiphop
naravnost v mojo glavo, in listje ima dovolj prostora,
da se podi po cesti, ki je samo danes
in samo v tem času p r a z n a,
in Kitajec spet peče zelenjavo in mi kima v pozdrav,
in arabci na podzemni spet kadijo in dilajo hašiš,
in bo kmalu racija, in vem, da nikogar več
ne bom pozdravil, in vem, da se bom počutil nevidnega,
ker me takoalitako nihče ne pozna, in bom prisotno & odsoten,
in bo, kljub zadnjemu gospodovemu dnevu v tednu,
močno smrdelo po prežganem olju,
in se mi bo obrnil želodec ob pomisleku na hamburgerje,
in bom raje odšel na pečenega piščanca za tri marke,
in bom med rojaki iz vzhodne Evrope tiho jedel,
pil mineralno vodo in premišljal
o ponesrečenem obisku sejma erotike,
in bom po jedi navdušeno bral nadrealiste in bodo drugi,
zaradi slike na platnici knjige, mislili, da berem strip,
in bo v oblačku nad mojo glavo pisalo:
"Raje življenje z njegovimi čakalnicami." In bom srečen.

In že me žulijo oči lepih deklet, majhni valovi Majne
razkošnost rdeče pobarvanih oblakov,
in je praznik in jaz tega ne priznavam,
in sem skromen skupaj s svojim nacionalnim karakterjem,
in jaham na pohoti, ki jo kot elektriko oddajajo
turški priseljenci v stranskih ulicah okoli Bahnhofa,
in me s fasad opazujejo plastični božički
in mi je popolnoma vseeno,
vseeno za Deutsche Bank, za bolezen norih krav,
za vsa neodposlana pisma, za moje slabosti,

'THE PEOPLE ARE LIVING NEAR TO BEAUTY, PASSING BY'
  (Gilbert & George)

I walked out through the park, round the town,
down to the river and then on towards the station.
It's midday, Sunday, sometime in December.
Snow won't divide the seasons, winter's in hiding.
People are in their element, subdued as after a funeral.
You can barely see the soft light of the sun
behind the tall towers of the commercial sector.
How strange it is, and turbulent, in this day & age.
How arousing this fear in the city.
How far off home fires & warmth.

Frenzied German hip-hop from a Walkman
comes straight into my head, leaves have enough space
to swirl around the road that is e m p t y
just today and only at this hour,
the Chinese guy stir-frying vegetables again nods me his hello
Arabs on the Underground are smoking again, dealing hashish.
Soon there is going to be a raid & I know I won't be
saying hello any more, I'll be feeling invisible,
after all no-one knows me, & I'll be come & gone,
and despite it's being the last day of the Lord's week
it will stink like hell of cooking oil
and my stomach'll retch at the thought of hamburgers
and I'll decide instead on fried chicken for three deutschemarks
and will quietly eat among my East European compatriots
drink water & think about the failed visit to the Erotica Fair,
after eating I'll enthusiastically read the surrealists & people will
think that I'm reading a comic-book from the cartoon cover
and in the bubble above my head it will say
"Better life with its waiting rooms." And I'll be content.

And already I'm being undone by the eyes of beautiful women,
ripples of the Main, the sumptuousness of red-painted clouds
and it is a holiday, but not according to me
and I am modest, in keeping with my national character
and I ride on the lust given off like electricity
by Turkish migrants in the side streets around Bahnhof
and plastic Father Xmas's are observing me from house-fronts
and I really couldn't care a less
for the *Deutsche Bank*, mad-cow disease,
all unsent letters, for my weaknesses,

za vse meditativne krožke, za preprostega Američana,
za bolečino, ki jo nosim, in mi je vseeno.
In že jecljam po nemško, tudi v sanjah,
in že razumem nemški red, disciplino, voljo,
in sem predan vsemu, kar me obkroža,
in mi zastaja dih, ob pogledu na prizmo mesta,
in je moje življenje podobno popoldanskemu soncu,
in še vedno verjamem, da bo nekoč iz pepela vstal feniks,

in sem sam s sabo, s sabo kot z morjem, kot z ljubljeno osebo,
kot z veličino, in sem sam s sabo, s svojo malo smrtjo.

Frankfurt na Majni, december 2000

RANDOM

Iluzija se razrašča. Govorim malo.
Nič pomembnega o meni na osebni.
54 TV programov
                    ni dovolj.
     Stvari pridejo k stvarem,
odidejo bolj slovesno kot so prišle.
Hvala
        ker si tiho.
Delim si podobo z mestom,
                    kjer živim.
Ena srna se matra v bolečini,
              druge opazujejo,
ladja tone
v 20. stoletje.

Bleda svetloba oktobra,
nekaj pokvarjene hrane

v hladilniku,

brnenje centralne kurjave
kot ritmi elektronske glasbe.

Svet utripa
v umazanem perilu.

for all meditation classes, for the quiet American guy,
for the pain I carry, and I simply don't care.
And already I stammer in German, in dreams too,
and I've caught onto the German sense of order and discipline,
and I am dedicated to everything around me,
and my breath stalls at the sight of the city's skyline,
and my life is like the afternoon sun,
and I still believe that one day a phoenix will rise from the ashes,

and I am with myself, with myself as with the sea, or with a loved one,
part of the greatness of things, and my very own little death.

Frankfurt am Main, December 2000

RANDOM

Illusion is growing rank. I don't say much.
There's nothing important about me on my ID.
54 TV programmes
                  just aren't enough.
      Things come to things,
leave with greater solemnity than when they came.
Thank you
            for being quiet.
I share my image with the town
                    in which I live.
One deer is writhing in pain
                while others are watching,
the ship is sinking
down in the 20th century.

Pallid October light,
some food that's gone off

in the fridge,

the drone of the central heating
like a rhythm of electronic music.

The world is pulsing
with dirty washing.

ANA JELNIKAR was born in Slovenia in 1975, and shared her education between London and Ljubljana. She is currently doing a PhD at the University of London (SOAS), exploring the links between Rabindranath Tagore and the Slovenian poet Srečko Kosovel. She translates into both Slovenian and English. Her translation of Iztok Osojnik's *Gospod Danes* (Mister Today) came out in 2003 from Jacaranda Press (San Jose), and Brane Mozetič's *Metulji* (Butterflies) was published by Spuyten Duyvil in the United States in 2004. Her most recent poetry translations are Iztok Geister's *Hvalnica ruju* (Hymn to the Bush Tree) and Taja Kramberger's *Mobilizacije* (Mobilizations). Her translations have appeared in such literary magazines as *Verse, Southern Humanities Review, Third Coast*, and *The American Poetry Review*, and in various anthologies. She is the translator of the first Slovenian edition of C. G. Jung's *Man and His Symbols*, and has been involved in a number of international poetry translation workshops.

KELLY LENOX ALLAN was born in New Jersey in 1961 and received a Bachelor's degree in Environmental Science from the University of Virginia and a Masters of Fine Arts in writing from Vermont College. Her poems and translations have been published in *Margin, RHINO, nidus, Ellipsis, Rattle, Big Bridge, Gobshite Quarterly,* and other online and print journals in the United States. The chapbook *Razpoke* (Chasms) (PM Books), translations of the Slovene poet Barbara Korun, was published in 2003; other translations appear in *Voice in the Body* (Glas v telesu) (Litterae Slovenicae, 2006). She is a contributing editor for *Hunger Mountain Magazine* and lives in Portland, Oregon.

STEPHEN WATTS is a poet. He was born in 1952 and has lived mostly in London and the Western Isles, with close cultural roots in the Italian Alps. His selected poems up to 1997 *The Blue Bag* (Aark Arts, London & New Delhi) was published in 2004 and a selection of recent longer poems with Czech translation – *Gramsci & Caruso* – in Moravia in 2003. He has worked extensively in hospitals and in schools as a poet and recently was the first 'embedded poet' writing on issues of suicide in the Highlands and Islands. For a number of years he helped run the Multicultural Arts Consortium in London. With Ana Jelnikar he is co-translating *Ljubljana*, a book of Meta Kušar's poems (forthcoming from Arc in 2007) and has had a long-standing interest in Slovene poetry. He has also co-translated the Persian poet Ziba Karbassi and the Yiddish poet Avrom Stencl. He has co-edited four anthologies of translated poetry, including *Voices Of Conscience* (1995), *Mother Tongues* (2001), and *Music While Drowning* (2003) and two bilingual Bengali-English children's books.

ALEXANDRA BÜCHLER is the founding director of Literature Across Frontiers, a programme of international literary exchange and policy debate based at the University of Wales, and member of the editorial board of its internet literary review *Transcript*. A translator of fiction, poetry, theatre plays, film scripts and texts on modern art and architecture from English, Czech and Greek, she has translated over twenty-five works, including books by authors such as J. M. Coetzee, David Malouf, Jean Rhys, Janice Galloway and Rhea Galanaki into Czech. She has also edited and part-translated a number of anthologies, including *This Side of Reality: Modern Czech Writing* (1996), *Allskin and Other Tales by Contemporary Czech Women* (1998) and the most recent *A Fine Line: New Poetry from Eastern and Central Europe* (Arc Publications, 2004).

ALEŠ DEBELJAK, a poet and essayist, holds a PhD in Social Thought from Syracuse University, New York and is a director of the Centre for Cultural and Religious Studies in the School of Social Sciences at the University of Ljubljana, Slovenia. He has won several awards, including the Slovenian National Book Award, the Miriam Lindberg Israel Poetry for Peace Prize (Tel Aviv) and Chiqu Poetry Prize (Tokyo). His books have appeared in English, Japanese, German, Croatian, Serbian, Macedonian, Polish, Hungarian, Czech, Slovak, Lithuanian, Finnish, French, Italian, Spanish and Romanian translations. His recent non-fiction books in English include *The Hidden Handshake: National Identity and European Postcommunism*, *Reluctant Modernity: The Institution of Art and its Historical Forms*, *Twilight of the Idols: Recollections of a Lost Yugoslavia* and three books of poems: *Anxious Moments*, *The City and the Child* and *Dictionary of Silence*.

BRANE MOZETIČ is the author of eleven poetry collections and three works of prose, of which twelve have been published in translation. His poetry collection, *Butterflies*, and a book of short stories, *Passion*, both came out in the United States. He has translated works by Rimbaud, Genet, Foucault and a number of contemporary poets. He has also edited two anthologies of homoerotic literature in Slovenian as well as a number of features of contemporary Slovenian literature – particularly of poetry – internationally. He has organised many events and readings of Slovenian literature abroad.

Other anthologies of poetry in translation
published by Arc Publications
include:

Altered State: An Anthology of New Polish Poetry
EDS. ROD MENGHAM, TADEUSZ PIÓRO, PIOTR SZYMOR
Translated by Rod Mengham, Tadeusz Pióro *et al*

A Fine Line: New Poetry from Eastern
& Central Europe (anthology)
EDS. JEAN BOASE-BEIER, ALEXANDRA BÜCHLER, FIONA SAMPSON
Various translators